清朝的文化奇葩

李默／主编

李学勤　罗哲文　俞伟超　曾宪通　彭卿云

中华文明是人类历史上最伟大的文明之一，是人类文明发展的主要构成。中华文明丰富、深刻、辉煌、博大，在人类文明中的骨干作用和领导作用人所共知。在人类文明的发源时期，中华文明就是四大古文明之一，是地球上文化的策源地之一。

廣東旅游出版社
GUANGDONG TRAVEL & TOURISM PRESS
悦读书 · 悦旅行 · 悦享人生
中国 · 广州

图书在版编目（CIP）数据

清朝的文化奇葩 / 李默主编 . — 广州 : 广东旅游出版社 , 2013.1（2024.8 重印）
ISBN 978-7-80766-414-7

Ⅰ . ①清… Ⅱ . ①李… Ⅲ . ①文化史－研究－中国－清代 Ⅳ . ① K249.03

中国版本图书馆 CIP 数据核字 (2012) 第 257505 号

出 版 人：刘志松
总 策 划：李　默
责任编辑：张晶晶　黎　娜
装帧设计：盛世书香工作室　腾飞文化
责任校对：李瑞苑
责任技编：冼志良

清朝的文化奇葩
QING CHAO DE WEN HUA QI PA

广东旅游出版社出版发行
（广东省广州市荔湾区沙面北街 71 号首、二层）
邮编：510130
电话：020-87347732（总编室）020-87348887（销售热线）
投稿邮箱：2026542779@qq.com
印刷：三河市嵩川印刷有限公司
（河北省廊坊市三河市杨庄镇肖庄子村）
开本：650 × 920mm　16 开
字数：105 千字
印张：10
版次：2013 年 1 月第 1 版
印次：2024 年 8 月第 3 次印刷
定价：45.80 元

出版者识

《话说中华文明》是一部全景式图文并茂记录中国文明历史的大书。出版者穷数年之力，会集各方力量——专家、学者、编辑、学术顾问们，在浩如烟海的历史档案、资料、著作中，探珍问宝，追寻中华文明在悠悠历史长河中的灿烂之光。此书的出版，凝聚了编撰者的心血，学术顾问们的智慧。尤其是李学勤先生，亲自动笔写下了序言，更增加了本书沉甸甸的分量。

中华文明的历史充满了辉煌与苦难，成就和挫折。它的历史无处不在，决定着我们中国人今天的思想和感情。当今的中国和中国人是中华文明的历史造就的，是中华文明的历史的延伸，也是它的一个组成部分，中华文明的历史之河奔流到现在。

中华文明是人类历史上最伟大的文明之一，是人类文明发展的主要构成。中华文明丰富、深刻、辉煌、博大，在人类文明中的骨干作用和领导作用人所共知。在人类文明的发源时期，中国就是四大古国之一，是地球上文化的策源地之一。在人类文明的早期，中华文明成为文明在东方的支柱，公元前后 200 年间，人类的汉帝国与罗马帝国这两只铁手攫住了地球。在欧洲进入中世纪的时候，中华文明更成为人类文明最主要的领导，它的文明统治东亚，传遍世界。进入近代，中华文明处于自身的重压和西方的欺凌下，但中国人民的斗争史和奋起精神是人类文明历史中不可缺少的一页。

五千年的中华文明为人类贡献出了从思想家孔子到科学技术的四大发明、从唐诗宋词到长城运河的伟大创造，贡献出了从诸子百家到宋明理学，从商周铜器到明清文学的深刻内涵，也贡献出了从五霸七强到三国纷争、从文景之治到十大武功的辉煌历史。中华文明的历史绚烂多彩，在人类文明的历史长河中永放光芒。

中华文明也是人类历史上最独特的文明，没有哪一个文明像中华文明这样持久，这样统一一致。世界上其他文明不但互相交错，其创造者也都与高加索体质的人种有关，它们是姐妹文明。在人类历史中，只有中华文明才是独特的，它的创造者是中国土地上的中国人民，与其他任何地方的人民都没有关系，它的文化是统一一致的文化，可以不依赖于其他任何文明而生存，但中华文明也绝不是封闭的，它接受他人的文化，也承担自己对于人类的责任。

人类进入新世纪，中国的社会经济发展令世人瞩目。人们对于世界未来的政治和经济结构的估计无不以东亚和太平洋为中心，而尤以中国为重点。

经济起飞只是当代中国的一个方面，中国的精神文明的建设尤为刻不容缓。如果中国要自觉地发展中华文明，要有意识地使中国的发展具有世界意义，就必须发展强有力的精神文化，这样才能使中华文明的发展进入一个新的阶段，才能形成中国和中华文明的全面现代化。

而中国的精神文化的发展植根于中华文明的伟大传统之中。进入近代之后，在西方文化的冲击下，对于中国文化的价值产生大量的情绪化和激烈冲突的论调。“五四”运动打倒孔家店的口号具有冲破封建束缚的时代意义，对中国文化的发展有不容否认的正面意义，与文化虚无主义是完全不同的。文化虚无主义者否定中国传统文化，在现代化的旗帜下主张全盘西化；而复古主义则沉迷于中国文化的古董，走进反进步、反科学的泥潭。

历史的发展则超越了所有这些论点，产生这些论调的一百多年来的中国近代史已经结束。历史要求中国发展，要求中国走在全世界发展的前列。西化论和复古论都已过时，历史已经要求世界超越西方，中国可以承担起世界的命运，而中国的现实和世界的历史都说明，中国的使命在于它的发展前进，而非倒退。

中华文明走出迷惘的时代，我们这一代处在一个伟大而具有挑战的历史阶段。

总结历史、展望未来，这就是《话说中华文明》的意义和使命。我们创作《话说中华文明》，力求总结和回顾中华文明的全貌，在内容和形式上都开创一个新的局面。在内容结构上，既具有一定的深度，又具有相当的广博性，既有严谨、准确的学术价值，又有活泼、流畅的可读性。我们在本丛书内容纳了中华文明的各个方面，使它综合了大规模学术著作的系统性、严密性和普及读物的全面性、简易性，它既可作为大型工具书检索中华文明的各个成分，又可作为通俗的读物进行浏览。

我们从上世纪 90 年代初起就开始思考中华文明的历史和现实问题，并逐渐形成了编著《话说中华文明》的设想。在开展这项庞大的文化工程之始，我们就聘请了国内权威学者李学勤、罗哲文、俞伟超、曾宪通、彭卿云诸先生担任学术顾问，他们对计划作了充分讨论，并审阅了大量初稿。我们聘请了广州、香港地区的社会科学学者、大学教师、研究生以及我社编辑人员几十人担任稿件的撰写工作。

通过创作这部书，我们深深地感受到了中华文明的博大精深，也感受到了它的内在缺陷。中华文明具有辉煌的时期，也有苦难的年代，有它灿烂的成就，也有其不足的方面。中华文明在自身中能够吸取充分的经验和教训，就能够使自身健康壮大，成长发展。

通过创作这部书，我们也深深感受到了出版事业的使命和重任。我们希望这部书能受到广大读者的喜爱，起到它所应当起的作用。为中华文明的反省、前进和奋起作一点贡献。

目录

清朝

四王垄断清初画坛

清入关后，大力提倡绘画艺术，也设立画院。清代画家人数之多，流派之杂，形式技法之变，都比前代尤甚，其中以董其昌的“松江派”势力最大，其代表画家就是王时敏、王鉴、王原祁、王翚，画史上称为“四王”，因为他们的笔墨技法以临古为主，所以画坛上也称他们为“正统画派”。

《仿高房山云山图》轴。王原祁绘。

“四王”画派在画风上具有工整稳健、明净清润的共同特色。他们迷信笔情墨韵的效果是画家的素养以至创作的最终目的，在平淡安闲的理想境界中体现出所谓的“士气”和“书卷气”。他们的笔墨技法也是在反复观临古人的作品，总结古人笔墨布局上的成就之后，发展起来的。正统画派由于过分重视笔墨技法，忽视了对自然山水的观察，因此他们的作品往往缺乏主观情致的抒发，前人的技法规则变成束缚自己的清规戒律。“四王”都以山水见长，皇室权臣对其大加鼓吹、提倡，一时被奉为正宗，风靡朝野，代表着清初画坛的主流。“四王”中又可分为两支：一是太仓王时敏、王原祁祖孙，独师黄公望法，画法细腻精致，追随者很多，世称“娄东派”；一是太仓王鉴、常熟王翚师徒，并不专仿某家，能够兼容并蓄，虽然仍不能脱离古人窠臼，却能在一定程度上抒发自己的感受，尤以王翚成就突出，学者称之为“虞山派”。

《仿古山水册》。王鉴绘。

王时敏（1592 ~ 1686），字逊之，号烟客，晚号西庐老人，江苏太仓人。崇祯（1628 ~ 1644）初以恩荫仕至太常寺奉常。清兵南下时，王时敏在太仓迎清兵入城，所以深得清朝统治者的优遇。有学者认为“四王”画派之所以被指为正统派，与王时敏这种政治态度不无关系。据说，王时敏少年时就为董其昌、陈继儒赏识，成为“画中九友”之一。他富于收藏，每次遇到名迹，总是不惜以重金收买。他对于古人传统的学习极为刻苦，曾经把古人有代表性的作品缩小摹绘共二十四幅，装裱成一巨册，出入随身携带，反复体会古人用笔运墨之道。王时敏的山水主要师法于黄公望，用笔含蓄，笔墨圆润醇厚，风格苍秀，但丘壑少有变化，大多是模拟之作。他的代表作为《仿黄公望山水图轴》、《浮岚暖翠图轴》、《秋山白云图轴》等。

王鉴（1598 ~ 1677），字圆照，自号湘碧，又号染香庵主，江苏太仓人，曾做过廉州太守，故而世称“王廉州”。他的早期山水大多是仿古之作，他也宗法于黄公望，但又不拘泥于黄公望一家，又能上溯到董源、巨然，下仿董其昌；他还善画青绿设色山水，艳丽秀润，明朗洁净，自具风貌。他的代表作有《长松仙馆图轴》、《仿黄公望山水图轴》、《仿巨然山水图轴》、《夏日山居图轴》等等。

王原祁（1642 ~ 1715）字茂京、号麓台，石师道人，江苏太仓人。他是王时敏的孙子。康熙进士，由知县擢翰林、户部右侍郎，甚得康熙帝的恩宠，供奉内廷，为宫廷作画和鉴定古画、任《佩文斋书画谱》纂辑官和《万寿盛典图》总裁。王原祁的山水自幼在王时敏、王鉴的指导下以摹古为方向，早

《仿巨然山水图》轴。王翚绘。

年深得家学，尤皈依黄公望之法，面目和王时敏相类似，但更喜用干笔焦墨，层层皴擦，用笔沉着，自称笔端有“金刚杵”。他设色长于浅绛；其重彩之处，青绿朱赭，相映鲜明，有独到之处，具有“熟不甜，生而涩，淡而厚，实而清”的艺术特色，功力很深厚，只是丘壑缺少变化。他的代表作品有《华山秋色图轴》、《仿董巨山水轴》、《仿黄公望夏山图轴》、《溪山别意图轴》等。王原祁由于受到皇室恩宠，官高权重，声势烜赫，追随者很多，王时敏开创的“娄东派”，到他这里几乎独霸当时画坛。

王翚（1632 ~ 1720），字石谷，号耕烟山人，乌目山人，清晖主人，江苏常熟人。少时继承家学，酷爱绘画，专学仿古山水技法，后师从于王鉴、王时敏，相随游历大江南北，观摩宋元名家巨迹，画艺精进，遂成一代大家。康熙三十年他奉敕绘《南巡图》，深得皇帝赏识，于是声名鹊起，晚年甚至有“画圣”之誉。王翚的山水画，早年多仿黄公望，也临摹荆关、王蒙，却不拘泥于个别大家和派系的风范，广采博览，冶各家技法于一炉，也不像其他三家虽博采众长，但仍以黄公望为归依。清人周言工说他“天资高，年力富，下笔可与古人齐驱，百年以来，第一人也”。王时敏则赞扬他“罗古人于尺幅，萃众美于笔下者，五百年来，从未之见，惟吾石谷一人而已”。王翚的作品虽多仿古，但在一定程度能把临古与写景相结合，有一定的生活气息与实境的感受，风格清丽深秀，晚年略为奔放，有苍茫之致，但用笔略嫌刻露草率，显得含蓄不足。他的代表作有《仿赵大年水村图轴》、《秋树昏鸦图轴》、《夏木垂阴图轴》、《仿黄子久富春山居图卷》、《沧浪亭图卷》等。由于王翚的画学成就极高，又受到皇帝的器重，所以从学者很多，形成“虞山派”，极大地影响了清初的画风。

毛晋校刻《十七史》

顺治十三年（1656），毛晋校刻完成《十七史》。

毛晋，字子晋，号潜在，明末清初著名的藏书家和刻书家。入清以后，毛晋的藏书处“汲古阁”已藏书84000册，其数量在江南首屈一指，而且多为宋元善本。他利用这一有利条件，积极组织力量刻印《十七史》。当时汲古阁楼下两廊前后住满了刻印工匠，规模在海内刻书作坊中首屈一指。对刻书所用的纸，毛晋也颇为讲究，特定派人到江西定造，厚的称作“毛边”，薄的称作“毛太”（这些纸名以后仍沿用而不废）。他在清兵南下，乡里遭劫及动荡不安的形势下，仍不改初衷，拖着有病之躯，率领子孙、工匠不问寒暑，夜以继日地辛勤工作。顺治十三年（1656），《十七史》终于校刻完成。此外，毛晋还曾校刻《十三经》、《津逮丛书》、《六十种曲》等。

“吴恽”与四王齐名

当以“四王”为代表的传统画派在清初画坛占尽风骚之时，吴历、恽格也以他们的艺术成就在清初画坛占据重要地位，他们和四王齐名，并称“清初六大家”。

吴历（1632～1718），字渔山，号墨井道人、桃溪居士，江苏常熟人。小时侯曾跟王鉴学画，后来又转而师从王时敏。他青壮年时以志士自居，不

《花果图》册。恽寿平绘。

《湖天春色图》轴。吴历绘。

肯与清政府妥协。中年后加入天主教，后来又到澳门，进耶稣会，康熙二十七年（1688）任司铎，前后在嘉定、上海传教三十年。他工于山水，早期作品皴染工细，清丽秀润，逼似王鉴。壮年时刻苦临摹宋元名迹，以黄公望为基础，尤其得力于王蒙而兼有吴镇之长，又有唐寅之趣，但他摹古不重形似，而求神趣，故能不拘古法，融各家之长，自创新意。他的山水，丘壑多姿，笔墨苍浑，善于枯墨短皴，风格醇厚深秀；从构图上看，他的画山势连绵，起讫分明，富有远近感，同时还在一定程度上吸取西洋画法，注重阴暗立体的表现。据说王原祁对吴历评价甚高，说他画“每右渔山而左石谷”，甚至说“迩时画手，惟吴渔山而已，其余鹿鹿，不足数也”。清人张庚则不同意这种评价，认为“渔山笔墨，功力尚未抵石谷之半”。吴历的存世真迹有《村庄归棹图轴》（故宫博物院藏）、《梅花山馆图轴》、《仿吴镇山水图轴》（台北故宫博物院藏）、《琵琶行图卷》、《白傅湓江图卷》、《湖天春色图轴》（上海博物馆藏）、《云林诗意图轴》（辽宁省博物馆藏）等。

恽格（1633 ~ 1690），字寿平，号南田、云溪外史、白云外史、东园客、草衣生等，江苏武进人。他的父亲恽日初是抗清义士。恽格隐居乡里，以卖画为生，为人品行高清。恽格早年工于山水，风格高旷秀峭，比起四王、吴历别有韵致，后来他见到王翚，自以为材质不能出其右，便对王翚说："是道让兄独步矣，格妄耻为天下第二手。"于是舍弃山水而专学花竹禽虫。恽格的花鸟画学北宋徐崇嗣一派，擅长没骨写生，工整秀丽，但能气韵雅逸，毫不滞板，颇有书卷气。他既重视对物的写生，力求逼真形似，又为物传神，洗尽铅华，以"澹雅"取胜，还创造了独特的"点花粉笔带脂，点后复以染笔足之"的技法，画面效果明洁光润，形神兼备。恽格明丽秀润的没骨花卉画，在当时名震四方，朝野内外无不奉为典范加以学习，所谓"家家南田，户户正叔，遂有常州派之目"。恽格的传世作品有《山水轴》(台北故宫博物院)、《双清图》(故宫博物院)。《春花图》、《落花游鱼图》、《锦石秋花图》(均藏于上海博物馆)等等。

《设计花卉》册。恽寿平绘。

李渔作拟话本

清代前期短篇小说有了一定发展．作品数量极多，既有传统的文言小说，又有明代兴起的白话短篇小说拟话本。在拟话本创作中，成就较突出、影响较大的是著名戏曲家李渔。

李渔 (1610 ~ 1680)，原名仙侣，号天徒，后改渔、笠鸿、谪凡。别署笠道人、湖上笠翁等，浙江兰溪人。弘光元年 (1645) 曾任金华同知许檄彩幕僚。顺治五年 (1648) 移家杭州，卖文为生。在此创作了他的大部分戏曲和小说作品。顺治十四年 (1657) 迁居金陵，结识了一大批著名文士并与其往来唱和，开设了"芥子园"书铺，编印书籍。组织了以其姬妾为主的戏班，亲自编写剧本并组织排演。此后 20 年间，他率领这支姬妾戏班往来于各地巡回为达官贵人演出，足迹遍及秦、楚、闽、豫、晋、江淮、鲁等地，康熙十六年 (1677) 迁回杭州，3 年后去世。

李渔的拟话本小说集主要有《无声戏》(别名《连城璧》),现存16篇,《十二楼》包括12篇小说。这些小说大多以爱情婚姻为题材，塑造了许多较为成功的妇女形象。李渔善于以曲折离奇的情节来表现男女青年追求婚姻自主的强烈愿望，表达了他对自由爱情的支持和对包办婚姻的谴责。他还有一些作品揭露了官场的黑暗、吏治的腐败和世风的浊恶，具有批判现实的积极意义。

李渔的小说在艺术上也有独特之处，有意识地吸取了戏剧的一些艺术手法来组织情节，运用语言刻画人物。他的小说情节曲折，矛盾集中，主线明确，结构单纯，具有独特的艺术风格。

四僧自成体系

满人入主中原之后,有一些以朱明王朝的遗民自居,不与新朝妥协的画家,或是书写身世之感，寄托亡国之恨，或是笔墨纵横无阻尽情发泄，表现出不为命运所屈的旺盛的生命力和强烈的不屈不挠意志。画坛上把这一类画家统称为野逸派。清初四僧就是野逸派的典型代表 。

《松岩楼阁图》轴。髡残绘。

四僧是指八大山人、石涛、髡残、弘仁四个和尚。前两人原为明王室的宗裔，后两人则是忠于明室的子民，他们都是个性刚强的血性男儿，长期从事反清复明活动，但无力力挽狂澜，转而以诗文绘画，渲泄幽愤，抒发情感。

八大山人（1626 ~ 1705），系朱元璋第十六子、江西宁王朱权的九世孙，姓朱名耷，谱名统鍫。八大山人的早期山水画取法董其昌，兼有黄公望、倪瓒的笔意，明亡后则山水气象为之一变，意境枯索荒寂，在苍凉凄楚中迸发出雄强悲壮的气质，体现其孤愤而坚毅的心境。

八大山人作画不拘常格，体现出作者瞬间的直觉，他那种非凡的气魄和超越世俗的逸格画风在以鸟画中表现突出。朱耷从古代画家牧奚谷、梁楷、吕纪、林良、陈淳、徐渭的水墨花鸟画中汲取营养，却又能借古开今，自出性灵。他的作品大多缘物抒情，以象征手法表达寓意，借笔墨表现自己倔强、傲岸的性格，抒发愤世嫉俗之情；他笔下的花鸟形象，夸张变形，磊落峥嵘，简括凝练。他还能以书法入画，传世名作有《河上花》等。

《树石双禽图》轴。朱耷绘。

石涛（1642 ~ 约 1718），原姓朱，名若极，广西全州人，他是明朝藩靖江王朱守谦子，悼僖王朱赞仪的十世孙。石涛一生行迹遍布天下，漫游许多名山大川，“搜尽奇峰打草稿”，师法造化，故石涛的山水极少依赖以往的模式，画题和意境极富变化，能够生动地表现出自然中的氤氲变幻和奇妙之处，布局新颖，笔墨千变万化，不拘一种形体，而是配合了多种笔势，根据不同对象灵活使用，淋漓尽致地加以描绘，形成了自己独特多样化的风格。流存下来的石涛的作品有《余杭看山画卷》、《山水清音图轴》、《狂壑晴岚图轴》、《淮揭法秋图轴》等，他在绘画上有许多精辟的见解，多见之于《石涛画语录》中。

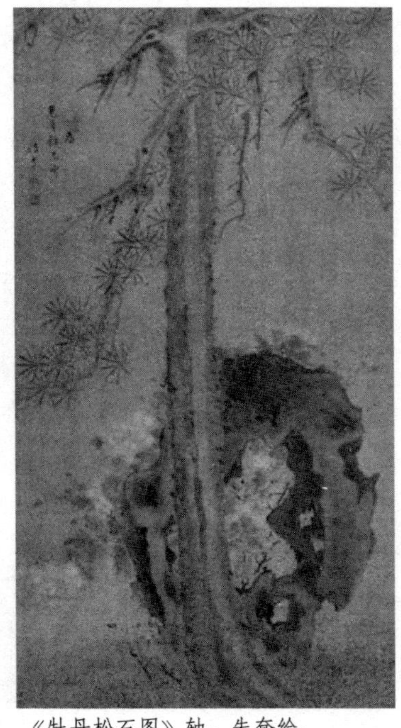
《牡丹松石图》轴。朱耷绘。

髡残（1612 ~ 1673），本姓刘，字介邱，号石溪、石道人、残道者、电住道人等，湖南武陵（今常德）人。年轻时期曾参加过抗清斗争，抗清失败后，愤而为僧。他和顾炎武是好朋友，他游历过许多名山大川，晚年

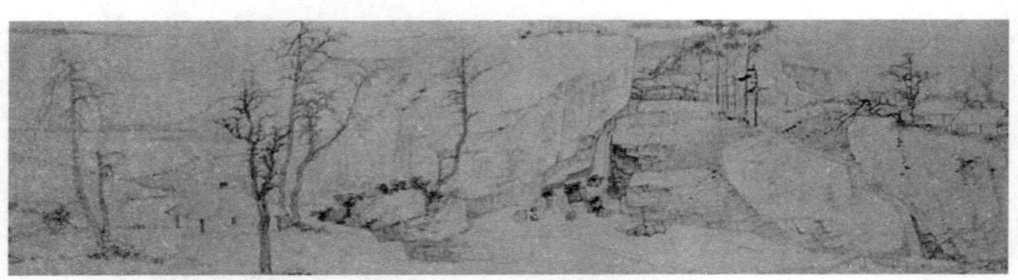

《山水图》卷。弘仁绘。

居于南京牛首祖堂山幽栖寺。髡残酷爱自然，历观“山川奇僻，树木古怪”，一生长期住在山水佳处，以真山水陶冶性情。他的山水画继承元四家、巨然、沈周等人的传统，也受到王蒙、董其昌的影响，但更直接地师法自然，他的构图不作危崖奇峰，又不以新奇取胜，构图繁密，山重水复，多写高远、深远，奥境奇僻，缅邈幽深，峰峦深厚；善用秃笔和渴笔，层层皴擦，苍老生辣，厚重而不刻板，豪放而有节奏感，喜欢在山石轮廓线上用焦墨勾提，山石树木常以赫石复钩，用浓墨作苔点，显得山川深厚。存世作品有《云洞流泉图轴》、《苍翠凌天图轴》、《层岩叠壑图》等。

弘仁（1610 ~ 1664），俗姓江，名韬，字六奇，又名舫，字鸥盟，安徽歙县人。明朝灭亡之后，他到建阳古航禅师为僧，名弘仁，号渐江，死后人称“梅花古衲”。他在建阳住了多年，云游武夷等地，常年往来于黄山、雁荡间。弘仁的画大多以家乡黄山为题，将平常所见的层峦陡壑、老树虬松加以提炼，画面往往由大小的几何形山石组成奇纵稳定、空旷幽深的山峰，疏密有致的乔木奇松点缀其间。他的画技主要受倪瓒的影响，但他却能从中独创新格：山石多用线条空勾，极少设墨，也不作皴擦，笔力刚健，每每纵横交织地刻画黄山的体貌特征，真实地传达出山川之美和峻伟沉厚的气象。他的《黄山树石图》是著名的作品。因为他人品、画品均高，许多人学他，形成盛极一时的“新安派”。

昆腔统治戏曲舞台

清朝初年，由明嘉靖年间魏良辅等人改造的昆腔，已经历了100多年的发展，万历末，徽班进京，使其在北方开始流传并迅速盛行起来。康熙以后，昆腔开始了其在戏曲舞台上长达百年的统治。

梅氏缀玉轩藏清初昆、弋脸谱（摹本）。牛皋（昆）

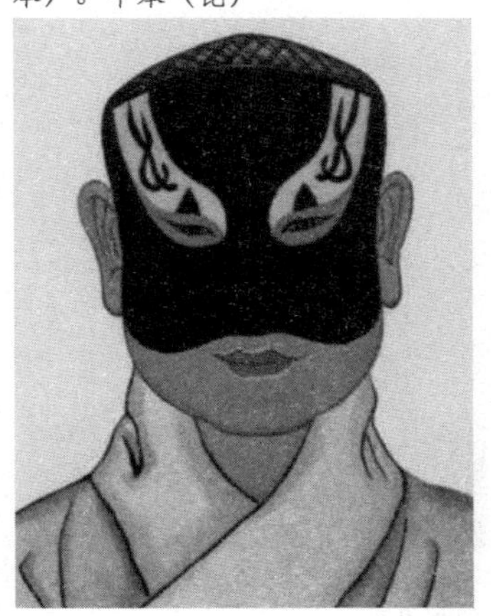
廉颇（弋）

在南方的苏州、扬州、杭州、南京等地和北方的清朝首都北京，昆剧的演唱并未受到明清易代时的战乱冲击，昆腔家庭戏班和民间职业演出十分活跃。从明中叶起，家庭戏班就是十分普遍，康熙年间，这种家庭戏班仍相当盛行。如清初成就最突出的戏曲家和戏曲理论家李渔，自顺治五年(1648)起，移居杭州，专门从事小说、传奇创作。顺治十四年(1657)迁居金陵后，组织戏班。亲自编戏排戏，率领由其姬妾组成的戏班到各地贵族家中巡回演出，历时20年，足迹遍及秦、楚、闽、豫、江浙、晋、鲁等地，甚至西部和南部边陲。以其为代表的苏州作家群，人数众多，包括李玉、朱皠等一大批思想情趣相投，热衷于戏曲创作的平民作家。他们从现实生活中取材，题材范围广泛，因而在戏曲创作和演出实践中取得了很高成就。著名的剧目有李玉的“一人永占”《一捧雪》、《人兽关》、《永团圆》、《占花魁》、《清忠谱》，朱皠《十五贯》、《悲翠园》、《九更天》，朱佐朝的《渔家乐》，邱园的《党人碑》，叶时章的《琥珀匙》，张大复的《如是观》，盛际时的《胭脂雪》等，有些很快就成了各地舞台上的保留曲目。

在苏州作家群活跃于舞台的同时，“南洪北孔”成了屹立于清初剧坛的两座对峙的主峰。洪升的《长生殿》以李隆基、杨玉环爱情悲剧为线索，展示了安史之乱的历史画面。孔尚任的《桃花扇》，则以南明王朝的覆亡为背景，以侯方域和李香君的爱情纠葛为线索，写出了这一段沉痛的历史。这是两部在艺术上获得极大成功的昆剧作品，上演以后，很快风靡南北，从而达到了昆剧艺术史的巅峰。

除了家庭戏班和著名文人参与戏曲创作及演出活动，构筑起昆腔艺术的

主峰以外，无数活跃于民间的职业戏班则若环绕并拱立主峰的群山。雍正、乾隆两朝，官宦人家蓄养戏班的活动被禁止，却没有禁锢官吏雇用戏班演唱，因而这些活跃于城市的戏院、茶馆，城乡庙台、草台的戏班在营业性演出之外，也承担官府、士绅、商贾的娱乐需要，有些艺人的技艺也十分精湛，集秀班的艺人就曾受到乾隆皇帝的褒奖。这些民间艺人从各方面继承和光大了昆腔表演艺术的优秀传统，对昆腔的发展影响很大。

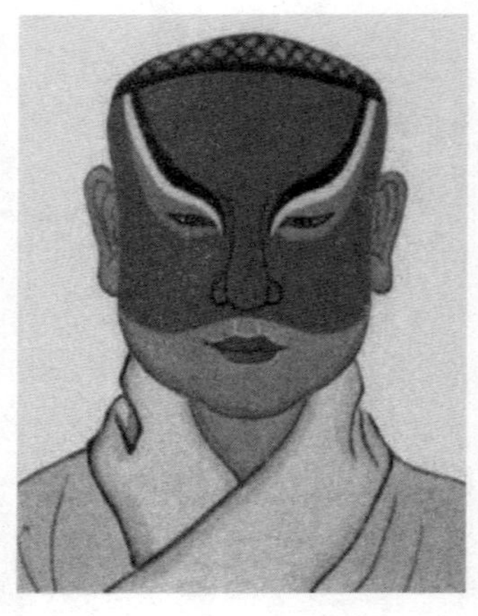

关羽（弋）

昆剧创作和演出实践有力地推动了戏曲理论的发展。在各地巡回演出长达 20 余年，有丰富的创作和实践经验的李渔，结合前人的理论成果和创作经验，撰写了戏剧理论专著《闲情偶寄》，提出了许多精辟的理论见解，其内容几乎包括了创作和演出的所有方面，比较深入地探索了戏曲艺术的奥妙，尤其是其以不读书之妇人小儿为接受对象而“贵浅不贵深”的创作主张，一切以观众为中心的立论基础是很有见地的。昆腔在创作、演出实践和理论等方面的巨大成就，奠定了其在清初剧坛上占居统治地位的坚实基础。直到清中叶以后，昆腔的统治地位才逐渐衰落。

包拯（弋）

八大山人积愤为画

清朝的山水画确切地说是从“八大山人”开始的。“八大山人”即清初著名书画家朱耷。1626 年生于南昌，为明朝宁王朱权后代，一生经历坎坷，少年时应试得中诸生，19 岁时国破家亡，为表达自己的悲愤之情，遂装哑不语，削发为僧，拜耕庵老人受戒。后又返俗，36 岁时回到家乡南昌经营青云谱道院，任道院主持，并改名朱道朗，字良月，号破云樵者，又号净月、破云等。一生擅长诗、书、画，他的画押落款很奇特，如“三月十九日”、“相如吃”、“拾得”等等，意义都是奇异深刻，特别是署款“八大山人”，常联缀似哭似笑之状，以表达自己誓不与清廷合作的倔强狂怪性格。

朱耷的书法，行楷源于王献之、颜真卿等人，纯朴圆润，完全摆脱了明人那种颓废习气，狂草更是落拓不羁，自成一家。

朱耷的绘画最负盛名，尤擅长画山水花鸟。他的山水画源于黄公望，在构图上又颇受董其昌的影响，但用笔干枯，看上去一片荒凉气象。花鸟在沈周、陈淳、徐渭水墨花鸟画的基础上，树立更加特殊的风格，简单奇异，不落俗套，而用笔用墨，于豪放中有温雅，于单纯中有含蓄，能用极少笔墨表达极复杂的事物，与石涛书画有着异曲同工之妙。

《荷石水禽图》轴。朱耷绘。

朱耷早期多画花卉、蔬果、松、梅等，比较精细工致，劲挺有力；中期喜画鱼鸟、草虫，构图险绝，好作扁方斫削之势；晚期绘画艺术更趋成熟，造型极度夸张，构图简略奇突，用笔凝重清润，格调朴茂雄奇。他善于用书画表达自己的傲兀不群、愤世嫉俗的感情。画鸟只画一足，画眼则眼珠向上，所谓白眼看“青”天，以寓其内心不平之气。65 岁所作的《牡丹孔雀图》，在站立不稳的尖石上蹲着 2 只孔雀，尾巴 3 根花翎，以影射清王朝贵族大臣的奴才相。68 岁时的《杂画卷》，栖息岩隙的

《河上花图》卷（之一）。朱耷绘。

《仿董北苑山水图》轴。朱耷绘。

《花鸟图》册。朱耷绘。

《河上花图》卷（之二）。朱耷绘。

鹌鹑，屹立石巅的乌鸦，站在地面上的小鸟，均拱背缩颈，眼珠顶着眼圈，露出一副孤傲不屈的神情。72岁画的《河上花图》，荷叶、山石泼墨淋漓，笔意纵肆，烘托出画家虽近暮年，傲气依在的民族气节。

朱耷是一位很有名望的书画家。当时直接从师受教的有牛石慧、万个等人。牛石慧是朱耷的弟弟，也是明弋阳王之孙，出家南昌青云谱为道士，所画山水花鸟，酷似朱耷。落款署名“牛石慧”也常是狂草联缀，细看起来像是“生不拜君”四字，借以表达对满清王朝的愤慨不满。

朱耷的山水花鸟画对后世中国画坛影响巨大。清代著名画家如华岩、扬州八怪、赵之谦等人大都是步其后尘，近现代的齐白石、张大千等人更是继承朱耷等古代山水画的优良传统，并进一步发扬光大。

评书形成

评书相传形成于清代初年。清康熙年间李声振《百戏竹枝词》有咏“评话”一首，称“其人持小扇指画，谈今古稗史事，以方寸木击以为节，名曰‘醒木’”。当是早期北京街头说评书的情景。相传第一代评书艺人为王鸿兴，所传弟子有“三臣”、“五亮”。“三臣”指安良臣、邓光臣、何良臣三人；“五亮”不详。

评书艺术以结构严谨取胜。一部长篇评书常常包括几个大段落，俗称“柁子”，每个柁子围绕一个中心事件讲述，如《水浒传》的“三打祝家庄”，《三国》的“赤壁之战”之类。一个柁子又分几个“梁子”，每个梁子都有一个故事高潮，如“三打祝家庄”中的“石秀探庄”，“赤壁之战”中的“借东风”之类。一个梁子之中分为若干个“扣子”，扣子即是扣人心弦的悬念，是评书的基本要素。扣子的设置，叫做“使扣子”，使扣子的技巧，又叫“笔法”，有正笔、倒笔、插笔、伏笔、暗笔、补笔、惊人笔等多种笔法。评书艺人运用这些艺术手段，以层次分明、起伏跌宕的故事情节，紧紧地扣住听众，使之流连忘返，欲罢不能。说书的艺术技巧，主要有“开脸儿”、“摆砌末”、“赋赞”、“垛句”等，是为了描绘事件、景物或人物形象，用排比的垛句加以夸张，给人以强烈的印象。这些技巧，通过说书人以抑扬顿挫、轻重疾徐的语气叙述、咏诵出来，用以烘托气氛，感染听众。

自清末以来，产生了双厚坪、潘诚立、王杰魁、陈士和等影响较大的著名评书演员。

评书的传统节目，经过长期积累，已有40余部，包括《列国》、《三国》、《杨家将》、《水浒 》、《包公》、《西游记》和《聊斋》等。

《大清会典》开编

会典是记载各级行政机构职掌、事例的政书。清代的会典初修于康熙时期，内容包括自崇德元年至康熙二十五年的各项典章制度。

康熙九年（1670）五月，江南道御史张所志上疏，认为会典关系到一代制度，理应编辑成书，诏示中外。康熙帝准奏，命各部院衙门把太祖等皇帝、太宗文皇帝、世祖章皇帝时定例及现行事宜，查明送内院。康熙二十三年（1684）五月，清廷始纂修《大清会典》，以大学士勒德洪、明珠等为总裁官。不久，康熙又谕令，务使该书文质适中，事理咸备，行诸今而无弊，付诸后而可征。二十九年（1690）四月，历时二十年编纂，《大清会典》终于成书，共计162卷，康熙亲作序文。

此后，经雍正、乾隆、嘉庆、光绪各朝，会典先后五修，各部会典体例和内容虽大体相同，但由于年代变迁，典章制度更替，其中或因或革，多有变化。但都卷帙浩繁，纪录详备，为后世研究清代典章制度提供了方便。

崔学古著《幼训》

清代蒙学广为普及，蒙学教育理论较之前代更为精细，更切合教学实际。崔学古的见解作为其中代表具有很强的指导作用。他在《幼训》一书中，归纳出蒙养教育的若干条原则和方法。

其一，“爱养”，即以慈爱的精神感召儿童，以说理的方式感服学生。即使有所批评，也应本着保护儿童的原则进行。因此，他主张启蒙教育应当是“好言劝善”、“善言警悟”，施以不言之身教。批评儿童要恰当把握时机并留有余地，提出所谓“四勿责”，即：空心勿责；方饭勿责；毋乱责；毋出不意，从背后掩责。其二，量资循序，即应根据儿童资禀的高低和学问的生熟程度，有的放矢、循序渐进地教育儿童。做到“毫不放空，也不逼迫”，要让儿童在愉快和谐的状态下活动学习，“优而游之，使自得之，自然慧性日开，生机日活”。其三，分任，即蒙养教育要在家长和蒙馆分工合作、统一要求、协调配合中进行。否则，师傅在学馆中严教，而父兄在家中宠溺，“曝寒相间”，将不能达到应有的效果。另外，他还建议蒙师应在学生面前保持适应的尊严，便于维持正常的教学秩序。施教时应以表扬和鼓励为主，对较迟钝的孩子，“举其长而扬之”；对较懒散的，“加以礼貌”；对聪慧而自骄的，“摘其短而抑则不骄”。通过这些方式，达到激励儿童的志气，鼓舞其上进的目的。

崔学古的蒙学教育见解精明有理，切合实际，至今值得大力借鉴。

历史小说繁荣

清初到清中叶的100年间，由于社会动荡不安，民族矛盾尖锐激烈，一些小说家只好取材于历史或传说，托古寓今，历史小说有了突出的发展。历史小说包括历史演义和英雄传奇，著名的有《水浒后传》、《说岳全传》、《隋唐演义》、《说唐演义全传》等。

《水浒后传》作者陈忱（1613 ~ 1670？），字遐心，号雁荡山樵，浙江吴兴人。他写此书时用“左宋遗民”为笔名以示民族气节。小说共40回，是《水浒全传》的续书，描写梁山英雄李俊、阮小七等在宋江死后再度起义，最后在李俊领导下飘洋过海创立基业的故事。一方面反映了作者在故国沦亡后无奈的情绪，另一方面也寄予了对当时在台湾坚持抗清的郑成功的希望。小说的情节设计不乏精彩之处，人物塑造也取得一定成功，但总的来说思想性、艺术性都不如《水浒全传》。

《说岳全传》题为钱彩编撰。全书80回，一方面吸收前人小说之长，一方面又博采民间传说，故事性极强，人物形象鲜明，尤其是岳飞的形象更是血肉丰满，深入人心。小说还塑造了一批颇有个性的绿林好汉，如牛皋的形象在某种程度上甚至超出了李逵。但书中封建正统观念、愚忠愚孝思想比较浓厚。

《隋唐演义》作者褚人获，苏州人。小说采撷有关小说、史书和民间传

说编写而成，写隋文帝起兵到唐明皇去世间170余年事，暴露了宫中醉生梦死、争权夺利的情形，但作者思想浅薄，对历史本质缺乏认识，加上封建正统思想、因果轮回观念的宣扬，使小说成就不高。

《说唐演义全传》以瓦岗寨群雄际会为中心，以相当篇幅揭露了隋统治者荒淫无耻给人民带来的深重苦难，揭示了隋代灭亡的社会根源，同时在李世民身上寄寓了“仁政”的理想。

清初历史小说作品很多，民间还有《说唐后传》、《征西说唐三传》等，但由于作者思想深度不够，总体成就远不及《三国演义》、《水浒全传》。

隋唐演义插图·清夜游昭君出塞

清初帖学之风持续

清初书法帖学之风十分盛行。

康熙时期帖学名家人数众多，主要代表有姜宸英、何焯、汪士、笪重光、沈荃、查升等。姜宸英（1628 ~ 1699），师法晋唐诸家，临帖能将自家性情与古人神理结合起来，不似而似。成熟书风多取米芾、董其昌之书法神韵。代表作有飘逸俊秀的《草书七绝诗轴》等。何焯（1661 ~ 1722），喜欢临摹晋唐法帖，工于小真行书，书风秀雅不俗。代表作为《楷书桃花园诗轴》。汪士（1658 ~ 1723），书法多学赵体、褚体，结构疏朗，运笔遒劲。代表作有《行书诗轴》。笪重光（1622 ~ 1692），书体取法苏轼、米芾，笔意超逸。他与姜宸英、何焯、汪士鋐并称康熙四大书家。沈荃（1624 ~ 1684），师法董其昌、米芾书体，书风雍容闲雅，尤得康熙器重，凡御制碑版、殿廷屏障、御座箴铭等都交他书写。代表作如《行书临天马赋轴》，意仿米芾。查升（1650 ~ 1707），精于小楷，尤得董其昌书法精髓，风格秀逸，多次受到康熙称赏。还有其他帖学名家如普荷、龚鼎孳、查士标等书风都以二王、董其昌、柳公权、米芾为临帖规范。

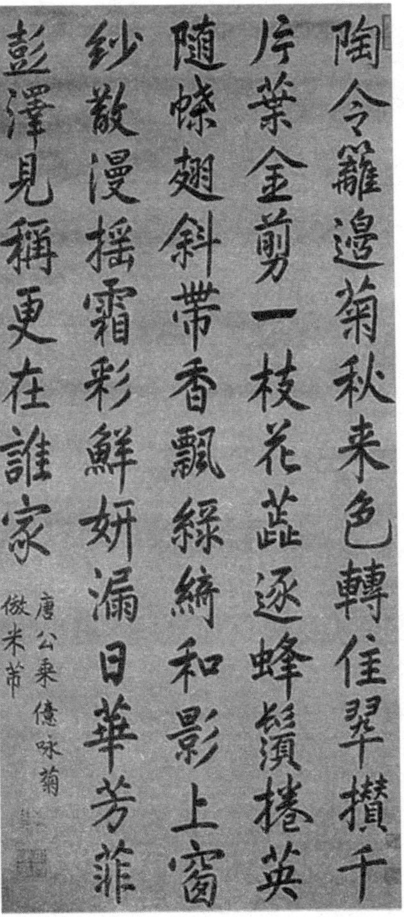

康熙帝仿米芾字轴

到乾隆时期，南北名家辈出，北

乾隆帝倪瓒《狮子林》跋

有翁方纲、刘墉、永王星、铁保，南有梁同书、王文治、钱澧、姚鼐。翁方纲（1733 ~ 1818），书法学习颜真卿、欧阳洵、虞世南。隶书取法《史晨》、《韩仁》诸碑，笔力浑厚，但结体板结，灵巧不足。对金石、法帖研究成绩极大，对碑学兴起有重大贡献。刘墉（1720 ~ 1804），初学董其昌，继而转宗苏轼，晚年潜心北朝碑版，能融汇历代诸家风神，自成一格，极富静趣。永瑆（1752 ~ 1823），乾隆帝第十一子，自幼善书，临习唐宋各家书体，既不脱赵欧两家遗韵，又能自立畦径，达到“书非一家，临非一家，不甚经意，而精神所寄——浑足”的境界，有《治晋斋帖》传世。铁保（1752 ~ 1824）正黄旗人。楷书宗颜真卿，草书法王羲之，旁涉怀素、孙过庭。与翁方纲、刘墉齐名。梁同书（1723 ~ 1815），初宗颜、柳，继学米、董，晚年纯任自然，愈臻变幻。善作碑版大字，笔力浑厚，气魄强健，书名与刘墉、王文治并称。王文治（1730 ~ 1802），多才多艺，尤工书法，风格秀逸潇洒。书法源出董其昌，又得意于李邕，晚年转宗张即之，骨格清纤，自有风神。钱澧（1740 ~ 1795），书宗颜真卿，以苍劲雄浑著称，亦旁涉褚、欧风神，又能掺入己意，融会贯通，自成一家。姚鼐（1731 ~ 1815），专宗王献之，善方寸行草，风格宕逸而不空怯，又工小楷，洁净而能恣肆，多所自得；草书亦善，颇有怀素遗风。

此外，清前期科举取士颇重书法，“馆阁体”盛行。其书源自董、赵书风，追求“乌、方、光”的笔墨匀整效果，以求引起考官注意。代表书家有张照、董浩等。张照（1691 ~ 1745）书法学习董、颜、米，笔力直注，圆健雄浑，深受雍正、乾隆二帝赏识，常为乾隆代笔，内府收藏了数百幅他的作品，名列“馆阁体”书派之首。

清初帖学师法晋唐书体，一改明末狂怪纵逸的书风，但规范谨严、黑大圆光的品鉴标准，又使书风走上纤弱衰颓之路。

世情小说盛行

清前期，继承了明代《金瓶梅》文人独创小说传统，世情小说呈现两大支流：才子佳人小说和以婚姻家庭生活为题材的小说都空前盛行，出现了不少著名的作品。

才子佳人小说，描写文人美女的恋爱故事，以《玉娇梨》、《平山冷燕》、《好逑传》、《定情人》为代表。《玉娇梨》写才子苏友白与佳人白红玉、卢梦梨战胜小人挑拨，终成眷属的故事，全书情节曲折，人物性格鲜明。《平山冷燕》叙述平如衡与冷绛雪、燕白欲与山黛几经坎坷，终于结合的故事，书中表现了文人学士以才自恃的精神风貌。《好逑传》又名《侠义风月传》，写名门出生的铁中玉和水冷心在坚持正义的斗争中邂逅相爱，共同抵抗小人挑拨结为夫妻的故事。《定情人》情节不脱一般才子佳人故事的俗套，但明确标举自由婚配的观念，具有进步意义。

《芥子园画传》。沈心友摹，王概兄弟绘。沈心友，清代戏曲家李渔的女婿，芥子园是李渔在南京的别墅，故名。部分插图采用多次彩色套印。这是初学绘画的必备画谱。

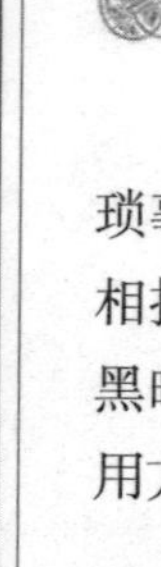

以婚姻家庭生活为题材的小说直接继承《金瓶梅》风格，专写市井家庭琐事，代表作有《醒世姻缘传》和《歧路灯》。《醒世姻缘传》写一个冤仇相报的两世姻缘故事，刻画了各阶层人物的生活状况，并暴露了现实政治的黑暗腐朽。《歧路灯》写书生谭绍闻堕落腐化，又浪子回头的故事，小说运用方言俗语，生动诙谐，多姿多态。

世情小说在清代前期的发展，标志着小说家的审美趣味从历史故事和神魔世界更多地转向了现实社会，但是由于作家们的思想局限，这些小说虽然在艺术上各有千秋，某些方面也具有进步意义，但总体来说没有达到一个更高的艺术境界。直到乾隆年间，《红楼梦》的出现，才尽采才子佳人小说和婚姻家庭小说之长，力避二者之短，奇峰突起，达到了其他中国古典小说不可逾越的高峰。

地方戏曲全面兴起

四川灌县二王庙戏台

明末清初，原先一统舞台的昆曲日渐衰落，新兴地方戏大量出现。清代前期，在民间广泛流传的主要包括演唱梆子腔的梆子声腔系统、演唱西皮、二簧两种腔调的皮簧声腔系统、演唱吹腔、拨子两种腔调的吹拨声腔系统、演唱明清俗曲的弦索声腔系统和演唱三五七、二凡两种腔调的乱弹声腔系统一共五种声腔系统，其中又数前两种流布最为广泛。

梆子腔就是用梆子乐器击节的声腔。关于它的来源，一说来源于陕西、甘肃的秦腔，一说来自于陕西、山西的山陕梆子腔。乾隆年间，梆子腔迅速向外地发展，并与地方方言结合起来，形成富有地方色彩的各种梆子腔。在山东、河南出现了高调、平调，山西出现了上路调、下路调，还有四川的盖板子、贵州的黔梆子、云南的滇梆子，甚至在陕西省内也出现了西安梆子、同州梆子、汉调梆子、西府梆子。不同地域、不同语言的梆子腔调组合在一起，组成了庞大的梆子腔系。

皮簧腔的流传程度仅次于梆子腔，由西皮、二簧两种腔调组成。西皮起源于西北的梆子腔，二簧则起源于吹腔、拨子。嘉庆、道光年间，西皮与二簧两相结合，形成皮簧腔。皮簧腔流传到全国各地后，形成了各地以皮簧腔为主的剧种，如安徽的徽戏、湖北的汉剧和北京的京剧，共同构成皮簧腔系。

俗曲又称弦索腔，以弦索乐器作为主要的伴奏乐器，清初演唱俗曲的剧种主要包括柳子戏、大弦子戏、罗子戏、丝弦、罗罗腔、耍孩儿等等，这六种剧种构成了演唱明清俗曲的剧种群体，又称弦索声腔系统。

吹拨腔包括吹腔的拨子。吹腔是弦索流入安徽后，由安徽人歌唱而成的石牌腔，又称枞阳腔，拨子则是梆子由西北传入皖南以后变化而成的，拨子在皖南与吹腔两相结合，成

江苏苏州忠王府戏台

山西太原晋祠戏台（水镜台）

广东佛山祖庙戏台

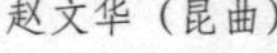

赵文华（昆曲）

张飞（柳子戏）

为徽戏的主要声腔，称为吹拨腔系。

乱弹腔由二凡、三五七两种腔调组成。三五七带有吹腔的风格，二凡则富含北方梆子的因素。乱弹腔在全国各地传开后，发展成为黄岩乱弹、绍兴乱弹、浦江乱弹、温州乱弹等，共同组成乱弹腔系。

各种声腔体系在全国各地形成后，相互交流、相互影响，形成了一些综合性的剧种，使得地方剧种更加繁荣、丰富。

江南盛藏书

清代，江南江浙一带盛行私人藏书。江浙在明朝时已成为南方经济比较发达地区，经济的发展带动了文化的进步，也促成了当地大量书籍的积聚。因此，早在明中期，江浙一带就出现了许多著名的私人藏书楼，到清代，收藏图籍之风气愈加盛行。

清人藏书多崇尚宋元版本，此风在明万历之后已见端绪，入清以后，愈演愈烈。因为宋元版本多为珍本，而且多保留了古文献的真实面貌，有利于清代学者从事古文献的考订校勘工作。但是宋元版本毕竟有限，所以，江浙藏书家除想方设法收集明代的稀世传本外，还在藏书家之间互抄珍本。

浙江瑞安玉海楼藏书楼

浙东余姚的黄宗羲是清初著名的大学者，也是闻名全国的大藏书家。他家经营的续抄堂，藏书来源广，数量多，一部分是收购旧藏书家的藏本，另一部分则为抄本。因为黄氏与诸藏书家交际广泛，曾借抄于世学楼、澹生堂，也曾数次前往南京名藏书家黄居中千顷斋观书抄写。康熙年间，范氏家人还破例带领黄宗羲登著名的天一阁观书。黄氏藏书可谓富而精，多罕见之本，因其藏书与学术研究密切相联，所以在社会上影响颇大。

浙西嘉兴的朱彝尊，也是清初一位卓越的学者，大藏书家。康熙年间，参加修撰《明史》，有机会见到史馆的众多珍本秘籍，遂暗地雇人抄书，结果被发现，受到降级的处分。朱彝尊珍藏之书多为晚明史料，他的家人怕受文字狱牵连，乘其外出时，统统付之一炬。

杭州的鲍廷博，以收集珍书异书为乐事，建有知不足斋藏书楼。他的藏书除四方搜购外，多抄自江浙名藏书家的珍籍。乾隆年间响应朝廷号召，一次进献600余种，因而得皇帝御赐《古今图书集成》一部。在朝廷还书时，乾隆皇帝在一本《唐阙史》上题诗："知不足斋奚不足？渴于书籍是贤乎。长编大部都庋阁，小说卮言亦入橱"，一时荣耀之极。江苏常熟的钱谦益，其藏书之富夸称江南。他先后得到名藏书家刘子威、杨五川、赵汝师、钱功夫等家所藏。钱氏一生，不惜重金四处求购，很快成为雄居江南的大藏书家。晚年建成著名的绛云楼以藏古书，可惜顺治七年（1650），其幼女嬉戏楼上，引发一场大火，绛云楼也付之一炬。

江苏昆山的徐乾学，曾任明史馆总裁。明清战乱初定，很多藏书家的累世珍本，相继散落民间。徐氏借助其门生故吏的帮助，四处求购，结果其藏书大盛，并建七间书库以藏书。一日，徐氏引子女上楼，告诉他们说："我所能留给你们的，唯有满楼图书。"因名其楼为"传是楼"。

清代，江苏著名的藏书大家还有常熟的钱曾和苏州的黄丕烈等。

顾炎武行万里路读万卷书

康熙二十一年（1682）正月八日，学者顾炎武去世。

顾炎武被称为清朝“开国儒师”、“清学开山”始祖，是著名经学家、史地学家、音韵学家。他一生辗转，行万里路，读万卷书，开创了一种新的治学门径，成为清初继往开来的一代宗师。

顾炎武像

顾炎武（1613 ~ 1682），原名绛，清兵攻占南京后改名炎武，字宁人，江苏昆山人，因故居旁有亭林湖，人们称之为亭林先生。他出身于“江东望族”，自幼过继给叔母，嗣母和嗣祖常以民族气节和关注社会现实熏陶他。14 岁时即参加复社活动，与复社名士议论学术和国家大事。乡试落第后，毅然摆脱科举考试的桎梏，发愤钻研“经世致用”的实用之学。他辑录了历代文书、方志中有关全国各地山川形势、农田、水利、兵防、物产、赋税、交通等大量资料，撰写了《天下郡国利病书》和《肇域志》。

清兵攻陷南京后，他侍奉嗣母避乱于常熟，因感激明朝旌表之恩，其母义不受辱，绝食七日而死，并遗嘱顾炎武读书隐居，不仕二姓。他深受感动，积极投入昆山人民的抗清武装斗争。失败以后，他开始了漫长的逃亡生涯，频繁地往来于江苏、浙江、山东、河北、河南、山西、陕西各地。用马骡驮着书籍，行万里路，读万卷书。风尘仆仆，颠沛流离，与各地遗民和抗清志士广泛联络，企图发动抗清武装斗争。当清朝廷征召他赴博学鸿词和参修国史时，他都断然拒绝，说人人都可以仕，唯他一人不能，并以身殉难来抗命。

顾炎武广泛接触了社会现实，搜集了大量的第一手资料，与许多知名学者深入探讨学术和各方面的问题，实地考察了西北山川地理，发现与典籍不符的，立即进行校勘，以严谨的作风，在极度艰苦的条件下，完成了传世之作《日知录》。

江苏昆山顾炎武墓地

顾炎武丰富的著作，始终贯穿着“明道救世”的经世思想。认为探索“国家治乱之源，生民根本之计”是当务之急。因而他一开始就大胆而有力地揭露明中叶以来严重的土地兼并的黑暗现实及赋税繁重不均等社会弊端，并以大量的著作讨论其产生的社会历史根源，表达了要求社会改革的希望并提出了改革军制、田制、钱法的一些设想。在《郡县论》中，主张将县令固定于某一地，对其政绩长期考核，如果合格可令其世袭或举荐继承者，并将其家眷迁往住所，除上缴国家所规定的赋税以外，剩余部分由自己支配，似乎有将国有资产和土地承包经营的思想。这种变革郡县制的思想一方面是对封建专制制度的否定，另一方面也顺应了资本主义萌芽的社会条件下生产力发展状况的要求。甚至可以认为他是中国国有土地私有化思想的首创者。对私有制的大胆肯定反映了新兴市民阶层的思想意识。顾炎武还提倡“利民富民”，并认为“善为国者，藏之于民”。他大胆怀疑君权，并提出了具有早期民主启蒙思想色彩的“众治”的主张。他所提出的“天下兴亡，匹夫有责”这一口号，意义和影响深远，成为激励中华民族奋进的精神力量。

明中叶以后，宋明理学日趋空疏，在这一历史趋势中，顾炎武尖锐地抨击理学，从而建立了他自己的以经学济理学之穷的学术思想。这种对心学以至理学的批判建立在总结明朝覆亡的历史教训的前提之下，在他看来，阳明

清道光刻本《天下郡国利病书》

心学的空谈误国是明亡的最根本原因。并且指出渐遁禅学的心学与儒学原有的修齐治平思想的根本背离。进而批判以程朱理学为唯一内容，八股文为考试形式的科举选士的弊端。在《生员论》中，他极力揭露科举以及与之相关的政治、吏治和社会状况。认为天下约 50 万人的生员，学习制艺之文的目的都是出于名利，而不可能产生国家所需要的“经世”之材，废除了生员就可使“官府之政清”，“百姓之困苏”，“门户之习除”，“用世之材出”。这种对理学统治下的封建政治的否定态度十分深刻，否定之后建构起来的就是使“用世之材出”的经世致用的实学。正是在这一指导思想下，顾炎武开创了清初的实学之风。

顾炎武行万里路，读万卷书，使他不仅“博学于文”，而且广泛接触了社会实际，理论和实践的结合，产生了清初崭新的学风。顾炎武的这一开创影响十分深远，直至今日，这一方法还在指导我们的学术活动。

纳兰性德词作风行·才艺杰出

清初词人辈出，纳兰性德词擅长白描，神似南唐李煜，对清中后期词风有较大影响。

纳兰性德（1655 ~ 1685），原名成德，字容若，号楞伽山人，满洲正黄旗人，生性凄悲，多愁善感，并有文才武略。18岁中举，22岁赐进士出身，任康熙侍卫，颇受康熙赏识。他多才多艺，善书法，精于书画鉴赏，词作尤其独标一帜。

纳兰性德像

纳兰性德论词，宗南唐李煜，强调比兴和情致。词作纯任性灵，天然朴素，情感真挚。前妻卢氏之死，性德感情深受打击，所作诗词，多寄哀音。如〔金缕曲〕《亡妇忌日有感》，〔南乡子〕《为亡妇题照》，〔沁园春〕《代悼亡》等，婉丽凄清，缠绵恻怆，沉挚感人。性德多次奉命出塞，抒写边塞风光的词作，则每有苍茫浑朴之音，如〔长相思〕《菩萨蛮》等。

性德初涉汉文学时，将李白、陶渊明奉为楷模。不到30岁竟产生了“海鸥无事，闲飞闲宿”的出世思想。思乡、思亲、思友成了他词作的主题。顾贞观评说：“容若词一种凄惋处令人不忍卒读”。

他的词作有《侧帽集》、《饮水词》。词作问世后，形成“家家争唱饮水词”的局面。这不仅因为他的词作缠绵清婉，也因其思想的深沉，风格的清新，抒情状物的不落窠臼，别开生面。

王国维论及纳兰性德时说：“纳兰容若以自然之眼观物，以自然之舌言情”，“北宋以来，一人而已”。这不仅道出了纳兰性德在中国诗坛上的历史地位，而且概括了他的个人风格。

他在经史考证上也颇有研究，有《通志堂经解》1800余卷。另外，他还有《通志堂集》、《湛园文稿》、《全唐诗选词韵正略》等。他是清代满族文学家中最杰出的代表之一。

康熙二十四年（1685），纳兰性德因病去世，终年31岁。

厚葬南怀仁

康熙二十七年（1688）二月，南怀仁卒于北京，二十七日，予以厚葬，死后谥号勤敏。

南怀仁（1623 ~ 1688），比利时人，号敦伯，是耶稣会传教士。1659年，他来到中国，曾被康熙帝召到京城协助汤若望修历法，他不但传教、修历，还参与造炮。康熙二十年（1681），南怀仁督造欧式神威炮320门，并于卢沟桥试放成功。康熙二十二年（1683），南怀仁对傅汎际续译的《名理探》后二十卷进行校补，并接着翻译，译成《穷理学》六十卷。呈奉朝廷，并因书中宣扬“一切知识记忆，不在于心，而在头脑”的新观点，被朝廷焚烧，但南怀仁对新知识的介绍功不可没。南怀仁精通汉文、满文。历任钦天监监正加工部右侍郎等职务。曾向康熙帝讲授数学等知识。他著有《康熙永年历法》、《仪象志》、《教要序论》等书，对中国文化的传播做出了一定贡献。

南怀仁像

洪升作《长生殿》

洪升（1645 ~ 1704），字昉思，号稗畦，浙江钱塘（今浙江杭州）人，清代著名的戏曲作家。他出身于世代书香的仕宦家庭，少有才名，仕途不达。他于康熙七年（1668）赴北京国子监肄业，未能得官，失望返乡。康熙十三年（1674），洪升再度进京谋生。在旅食京华的16年中，他虽然历经坎坷，但孤傲清高，每每“指古摘今”，抒发对现实的不满。经过十余年努力，洪升三易其稿，于康熙二十七年（1688），写成了传奇戏曲《长生殿》，演出后轰动当时。次年却因在皇后丧期内演出该戏，洪升被下狱除名，从此失去仕进机会，时人对此有“可怜一曲《长生殿》，断送功名到白头”的评说。洪升失意回乡，晚年抑郁无聊，寄情山水，后因酒醉失足落水而亡。

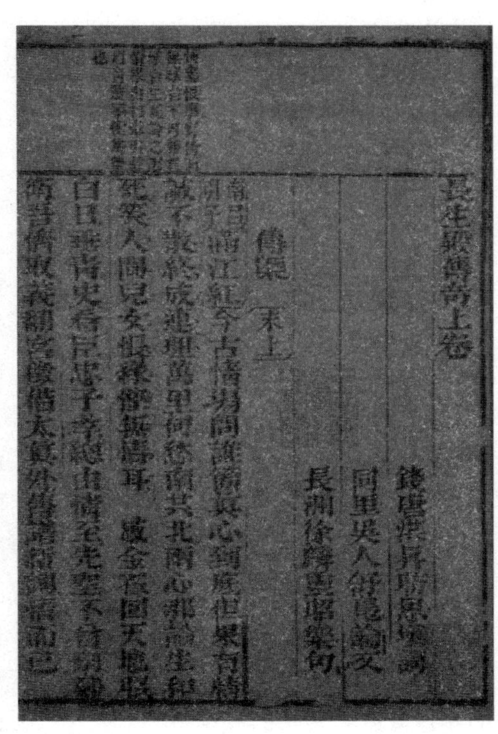

長生殿傳奇上卷
錢塘洪昇昉思填詞
同里吳人舒鳧論文
長洲徐麟靈昭樂句
傳槩 末上
南呂引子滿江紅今古情場問誰個真心到底但果有精誠不散終成連理萬里何愁南共北兩心那論生和死笑人間兒女悵緣慳無情耳 感金石回天地昭白日垂青史看臣忠子孝總由情至先聖不曾刪鄭衛吾儕取義翻宮徵借太真外傳譜新詞情而已

清康熙刻本《长生殿》

洪升的戏曲创作成果颇丰，现知的就有9种。使他成名的是代表作《长生殿》。洪升在这部戏中把动人的爱情故事和广泛深刻的社会矛盾有机结合，展开了对当时社会、政治的描绘，使人们看到封建帝妃“逞侈心而穷人欲”造成了朝纲败坏、藩镇叛乱的局面，并导致了他们自身的爱情悲剧，在波诡云谲、风云变幻

的广阔社会历史画面中揭示了一代王朝的盛衰。《长生殿》由此而成为同类题材中成就最高、影响最大的戏曲作品。

《长生殿》的主题思想与白居易的《长恨歌》一脉相承，并有所创造和发展。洪升借李、杨爱情这一传统题材表达他心目中理想的感情，并联系爱情来写政治，扩大了作品所反映的社会生活面。在《长生殿》中，杨贵妃是一个值得同情的悲剧人物。作者有意避开了她与安禄山的暧昧关系，突出了她对爱情专一的追求，对她在宫中希恩固宠、争风吃醋的所作所为从“情深妒亦真”的角度给予肯定。作者亦没有将安史之乱的根源全部归之于杨贵妃，在《弹词》一出中，借剧中人之口说出了自己的观点：“休只埋怨贵妃娘娘，当日只为误任边将，委政权奸，以致庙谟颠倒，四海动摇”。对唐明皇，作者既批判了他寄情声色，“弛了朝纲，占了情场”的昏愦，又认为他是帝王家少有的钟情者，因此把误国之罪归诸于杨国忠等人。对李、杨之间的爱情，洪升在寄予同情和赞美的同时，谴责了他们的骄奢淫逸给百姓造成的灾难。戏中还揭露了杨国忠专权祸国，安禄山兴兵作乱等封建统治阶级内部的矛盾和民族矛盾；并通过郭子仪抗敌、雷海青斥叛等情节歌颂了忠臣义士的爱国之心。洪升生活于民族矛盾比较尖锐的清初，距明亡不久，他在政治上失意，对现实不满，于是通过爱情故事反映一代兴亡，以“垂戒来世”。作品表现了进步的思想倾向，这是《长生殿》较前人作品更为深刻之处。

《长生殿》的艺术成就是多方面的。洪升将笔墨集中在李、杨情缘与安史之乱这两条主线上，次要人物和次要事件往往一笔带过，同时将情节高度概括浓缩，运用侧笔、暗示、伏线等，将整部戏组织得有条不紊，层次分明，结构布局颇见匠心。《长生殿》的艺术特色还表现在浓厚的抒情色彩上。作者写安史乱后人民流离转徙，通过李龟年弹词，抒发了历史兴亡之感——“唱不尽兴亡变幻，弹不尽悲伤感叹，……凄凉满眼对江山……”在作品的后半部，作者对李、杨爱情加强了浪漫主义描写，更以抒情见长。《闻铃》一曲抒写了唐明皇触景生情对杨贵妃的怀念；杨贵妃成仙后仍念念不忘前情，对织女倾诉：“位纵在神仙列，梦不离唐宫阙。千回万转情难灭”，天上人间的相思笼罩在感伤的气氛中。李、杨二人最后的月宫团圆，是洪升心目中至情的理想化结局，充满了浪漫主义色彩。他在叙述《长生殿》创作缘起时曾说：“今古情场，问谁个真心到底？但果有精诚不散，终成连理……看臣忠子孝，总由情至。”洪升将李、杨爱情与“臣忠子孝”的道德情感等同起来，引导人们从生离死别的爱情悲剧中生发出浩漫的历史兴亡之感。《长生殿》的曲词清丽优美，充满诗意，讲究韵律，是“台上之曲”和“案头之曲”相结合的杰作。此外，《长生殿》局面壮丽，精美谨严，人物“无懈可击”，特别适合舞台演出，因此300年来一直盛演不衰。

《长生殿》在继承明代传奇创作中现实主义传统的基础上，部分吸收了《牡丹亭》等戏曲的浪漫主义手法，在思想上和艺术上都达到了清代戏曲创作的最高水平。要与当时孔尚任创作的《桃花扇》堪称中国古典戏曲的双璧，在文学史上有重要地位。

金陵八家兴起

金陵八家是指龚贤、樊圻、吴宏、叶欣、高岑、邹喆、胡慥、谢荪8人。他们都生活在明末清初的乱世，采取遁世的态度，沉湎于山林，寄情于书画，世人都称之为“高士”，金陵八家之间互相交游应酬，保持密切的关系。尽管八家在绘画的师承、风格、情调上各有不同的追求，但他们都注重以画寄情，藉山川表露个人的情怀，作品的题材大多是以南京一带实景为主的，他们的艺术风格相互影响，故而作品具有某些一致的地域性特征。

《春景山水联屏》。高岑绘。

在金陵八家中以龚贤

《山水册》。叶欣绘。

《山水册》。樊折绘。

（1618～1689）影响最大。他又名岂贤，字半千，号野遗、半田、柴丈人，原籍江苏昆山，迁居南京。明亡之后退隐山林，晚年独居清凉山，筑“半亩园”，用以栽花种竹。靠卖字画和课徒授艺为生。到了晚年，竟为权势者欺压迫害，抑郁而死。他的创作坚持“外师造化、中得心源”的现实主义方法，能将古人的笔墨技法融会贯通形成自我面目。“画泉宜得势，闻之似有声。即在古人画中见过，临摹过，亦须看真景始得。”因此要“心穷万物之源，目尽山川之势”，才能创作出感人的艺术品来。他的山水画大多取材于南京一带的真山真水，或写山中景色，或写水边风光。多作繁笔，繁中见简，墨色浓重，苍茫浑郁；亦作简笔，以简驭繁，不施晕染，疏朗明净。他的着墨尤具特色，融董源、米芾、吴镇、沈周之法于一体，创出影响深远的“积墨法”，他能巧妙地控制墨色的层次变化，故而山峦树石虽反复积染、皴擦以至十几遍，却毫不板结，润滋而有生气。龚贤的传世作品很多，代表作品有《千岩万壑图卷》、《夏山过两图轴》（南京博物院藏）、《木叶丹黄图轴》（上海博物馆藏）等。

樊圻（1616～？），字会公，又字浍公，江宁（今南京）人。工山水，兼擅花卉、人物。画法博采众长，宗法于马、夏，董、巨，但能融会贯通，自出新格，风格是笔墨细致、淡彩烘染、意境清逸。他的花卉以工细见长。

有《春山策杖图轴》(南京博物院藏)传世。

高岑，字蔚生，浙江杭州人。他的山水、花卉均能“写意入神”，山水效法董、巨而有变化，笔墨秀润，山石用披皴法，画树木则枝繁叶密，别具风格。有《设色山水册页》（故宫博物院藏）、《金山图轴》（南京博物院藏）等行世。

《雪景山水图》。邹喆绘。

邹喆，字方鲁，江苏吴县人，善画山水花卉，画松尤奇，笔致坚实，气象苍古。存世作品有《松林僧话图轴》（上海博物馆藏）、《山水册》（南京市博物馆藏）。

吴宏，字远度，江西金溪人，擅画山水，宗法宋元，构图谨严，笔墨纵横，气度豪迈，画山石多用乱柴间以斧劈皴，画树木则大刀阔斧。作品有《枯溪草堂图轴》（南京博物院藏）、《山水人物图册》（故宫博物院藏）等。

《溪山无尽图》卷（局部）。龚贤绘。

叶欣，字荣木，华亭（今上海松江）人，一作无锡人。宗法赵令穰的山水，又学姚允在，题材取自江南实景，也擅作断草荒烟、孤城古渡之景，画境高逸。画风工细幽淡，绝无纵横之气。作品有《矶边帆影图扇面》、《山水册》（均南京博物院藏）等。

胡慥，字石公，金陵人。他善于画山水、人物，尤工菊花。山水苍莽浑厚，山石勾染兼用，皴法清劲。画迹有顺治十年（1653）所作《葛仙移居图扇页》（故宫博物院藏）、《山水册》（南京博物院藏）等。

谢荪，字缃西，江苏溧水人。善于画花卉、山水。山水有吴门遗韵，图中山重水复，怪石嶙峋，意境奇峭，以短披麻、点子皴为主，运笔工整，设色浅绛间以青绿，清隽而绚丽，深得吴门画派之精髓。存世作品极少，南京博物院中藏有他的《策马探胜扇面》。

石涛搜尽奇峰打草稿

明亡清立，明宗室靖江王赞仪十世孙的石涛，原姓朱，生卒年颇有争议，出家为僧，漫游名山大川，倾心诗文书画，成为清初一大家，与朱耷、渐江、石溪合称清初四僧；与石溪并称二石；与渐江、梅清等人合称黄山派。石涛善画山水，兼工兰竹，山水画自成一家，既善于借鉴前人之长，又注意外师造化；既画法精湛，又画理深厚，尤其是他那“搜尽奇峰打草稿”的精神，最为典型。

《游华阳山图》。石涛绘。

石涛认为首先要认识自然规律，然后才能真正运用绘画的技巧。规和矩是绘画技法的最高准则，但是如果不首先了解自然界本身运动的发展，那这个技法就会成为死的技法。为了使绘画的技法符合自然规律，他认为画家必须了解“一画”。它是从自然界中产生出来，既符合画理。“一画落低，众画随之”。石涛的“一画论”对清朝初期形成的陈陈相因、千篇一律的山水画是个有力的批判。石涛

搜尽奇峰图卷。图卷长 285.5 厘米，高 42.8 厘米，墨笔画，起首险峰石壁回抱，以后奇峦怪石层出不穷，以江景结尾，绘于康熙三十年（1691 年）。

的山水画，大都是从大自然云烟变化中取材。他的足迹踏遍了湖南、广西、江西的奇山异峰，他曾数次游览黄山，自称“黄山是吾师”。所画黄山景物出神入化，创造出一个意趣隽永的境界。学习传统，临摹古人的作品，不是艺术的终极目的，而只是一种继往开来的手段。石涛主张画家要大胆创新，他说自己的画“堪留百代之奇”，要奇，并不是件难事， 难在奇得合情合理。

他不忠一家，博采众长，“借古以开今”、“我用我法”，特别是主张从自然中吸取创作源泉，这一点充分体现在他的传世佳作《搜尽奇峰打草稿图》、《清湘书画稿》、《泼墨山水》等画中。在石涛多变的画法中，有着他自己的共同特点，一是用笔灵活：粗细刚柔、飞涩徐疾兼施并用，多用粗笔勾山石，细笔剔芦草、松竹兰。二是善于用墨：浓淡相济，干以湿出，尤其喜欢用湿笔，通过水墨的渗化和笔墨的融和，表现出山川的的氤氲气象和浑厚之态。有时惜墨如金，有时泼墨似水。三是构图新奇：一变古人和四王三重四叠之法，往往破空而出，奇不自胜，尤善用截取法，以特写的手法传达深邃的境界。四是讲求气势，运笔恣肆，挥洒豪放。五是技法丰富多变：善于用点，不拘成法。

在明末清初画道日衰的状况下，石涛能独树一帜，睥睨千古，大胆创新，为中国现实主义绘画增添了绚丽的光辉。他的绘画理论也同样是中国画坛中的奇葩。他对后世画坛影响巨大，稍后的金农、罗骋等人就深受其影响。他的山水画对清代中期的扬州八怪有很深的启发作用，直到近代，绘画大师齐白石还对石涛推崇备至。齐白石有句名言：“作画妙在似与不似之间，太似为媚俗，不似以欺世”，显然这是对石涛“不似似之”的发挥与完善。

安徽画风兴盛

清初，安徽画坛出现了以弘仁为代表的“新安派”和以萧云从为代表的“姑熟派”等，还有一些著名画家以独特的风貌称著一时。

安徽新安地区产生了以弘仁为代表的一大批遗民画家。他们的画法多学元代倪瓒，画风追求宁静淡寂，形成基本一致的审美心态。他们都注重向自然学习，山水画多以黄山为题材，艺术风格也比较接近，形成了阵容庞大，独具风格的“新安画派”。“新安画派”除了弘仁外，还有汪之瑞、孙逸、查士标、郑旼、祝昌、江注、姚宋等人。其中汪之瑞、孙逸、查士标最为出色。汪之瑞，字无端，安徽休宁人。善画山水，他以悬肘中锋运渴笔焦墨，好用麻皮荷叶皴，笔墨疏放老到，境界简练明净。孙逸，字无逸，号疏林，安徽海阳人。山水兼法南北宗各家，尤得吴门遗韵，山势沉稳有建筑感，画风疏朗宁静。查士标（1615 ~ 1698），字二瞻，号梅壑散人，安徽休宁人，擅画

《山水图》轴。汪之瑞绘。

《高山流水图》轴。梅清绘。

《山水图》轴。查士标绘。

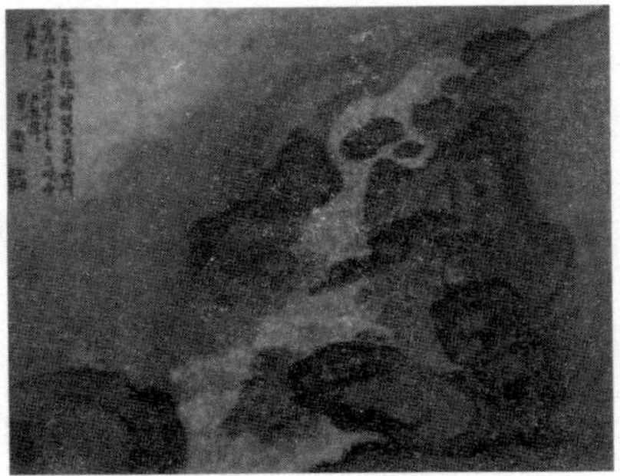
《黄山十九景图》册。梅清绘。

山水，笔墨疏简，意境荒寂。

安徽芜湖地区，聚集了许多画家。画风比较接近，史称为“姑熟画派”。这一派以萧云从为首。萧云从（1596 ~ 1673），字尺木，号无闷道人，晚号钟山老人等，安徽芜湖人。早年是复社成员，曾与阉党阮大铖等人进行过激烈的斗争。入清以后，隐居避世，专意于书画创作，寄兴于山水之间，他的山水师法于倪瓒、黄公望，同时也受唐、宋、元、明诸家的影响。他曾东登泰山，南渡钱塘，漫游长江两岸，写山水实景，他画山石，用笔多方折而枯瘦，参以一些横皴、竖皴或淡墨渲染增强山石体面效果。气象萧散，骨体方折，别出心裁。萧云从的画法对“姑熟派”有很大影响。他的弟子萧云倩、儿子萧一 、侄儿萧一荐、一箕、一芸等人直接继承了他的画法。

除了新安、姑熟两个画派以外，还有个别的画家也很出名，比如梅清。梅清（1623 ~ 1697），字渊公，一字远公，号瞿山，安徽宣城人。他擅画山水、尤善写松，多作黄山风景，笔法松秀，墨色苍浑。他的山水行笔有异新安诸家生涩、萧散的画风，别有一番郁勃之气。梅清的兄弟、子侄、孙辈中善于绘画者很多，比如梅蔚、梅羽中、梅庚等学的都是梅清的画法。四僧中的石涛早年也受过梅清的影响。梅清的存世作品有《黄山图册》、《天都峰图轴》、《西海千峰图轴》、《探梅图轴》等等。

顾祖禹著《读史方舆纪要》

明末清初，顾祖禹著历史地理名著《读史方舆纪要》，该书原名《二十一史方舆纪要》，共 130 卷，附《舆图要览》4 卷。

顾祖禹（1631 ~ 1692），字瑞王，号景范，学者称宛溪先生，江苏无锡人。清顺治十六年（1659）起，于教学之余，撰写《读史方舆纪要》。康熙十三年（1674），三藩兵起，入耿精忠部为幕僚，藉以反清复明。兵败北归，复修纪要。二十六年受聘参修《大清一统志》，书成不肯列名，毕生精力贯注于撰写《读史方舆纪要》，历时 30 余年成书。

《读史方舆纪要》约成书于康熙三十一年（1692）前，作者参考二十一史和 100 余种地方志、总志等，并吸取前人研究成果，撰成此书。该书前卷为历代州域形势，记述历代王朝的盛衰兴亡和地理大势。中14卷为两京十三布政使司，分叙府、州、县疆域、沿革、方位、山川、关隘、城镇、古迹等，并记载其地发生的历史事件，考订其变迁，剖析其战守利害。书末有《川渎异同》6卷和《分野》一卷。所附《舆图要览》4卷，内容有两京十三布政使司、九边、黄河、漕运、海运及朝鲜、安南、海夷、沙漠等图。

《读史方舆纪要》

该书内容详备，条理明晰，结构严谨，体例新颖，并以记述军事地理为其特色，于山川险易、古今用兵战守攻取、兴亡成败等叙述尤详。因此，张之洞《书目答问》将其列入兵家，是研究我国军事史及历史地理的重要文献。

清贴黄双桃盒

唐甄写成《潜书》

唐甄，名大陶，字铸万，后改名甄，别号圃亭。四川达州（今达县）人。顺治十四年，回四川参加乡试，中举人。康熙年间，任过山西长子知县，晚年定居苏州府城。多年仕宦生活，使他对当时社会有深刻的认识。他决心以著述“权衡天下”，遂于四十岁时发愤为文，开始了《衡书》的撰写。此书前后历 30 年而写成，其 97 篇，天道人事，前后古今，皆具备其中。后因自己一生遭受坎坷，书成后唐甄便将书名改为《潜书》。全书以论学、论治分类，分为上下两部。撰写宗旨是上观天道，下察人事，远正古迹，近度今宜，根于心而致于行，在书中，唐甄激烈抨击专制君主，提倡农商并重，主张事功。康熙四十三年（1704），唐甄去世后，《潜书》得以刊行。当时的著名学者潘来对该书给予很高评价，认为该书论学术、论治道皆人所不敢言者，必传后世而无疑。

孙尚任作《桃花扇》

孔尚任（1648 ~ 1718），字聘之，又字季重，号东塘，别号岸堂，自称云亭山人，山东曲阜人，孔子 64 代孙，清代戏曲家。《桃花扇》是孔尚任的代表作。

孔尚任早年受家族传统教育，曾应科举试。康熙二十四年（1685），孔尚任因御前讲《论语》受褒奖，被任命为国子监博士。一年后，他出差淮阳疏浚黄河海口，目睹吏治的腐败，回京后便以戏曲、诗歌的创作抒发抑郁的胸怀。康熙三十八年（1699），《桃花扇》最后脱稿。此剧的创作历经十余年，三易其稿，倾注了孔尚任毕生的精力。

《桃花扇》是借复社文人侯方域与秦淮名妓李香君的爱情故事来反映南明弘光王朝覆亡的历史，揭示南明覆亡的原因，抒发作者的“兴亡之感”。

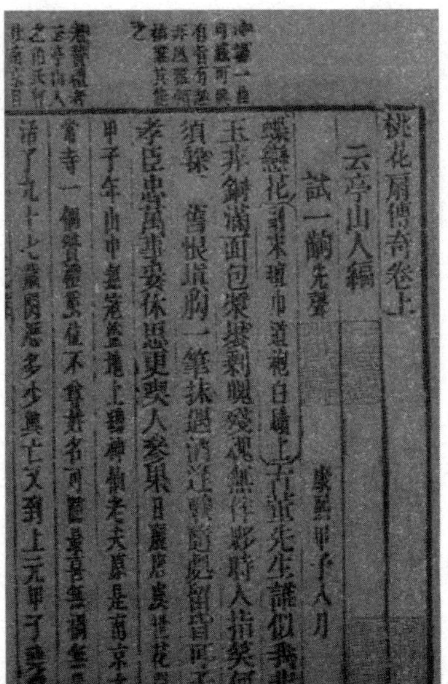

桃花扇傳奇卷上

云亭山人編

試一齣 先聲 康熙甲子八月

【蝶戀花】（副末氈巾道袍白鬚上）古董先生誰似我，非玉非銅，滿面包漿裹；剩魄殘魂無伴夥，時人指笑何須躲。舊恨填胸一筆抹，遇酒逢歌，隨處留皆可；子孝臣忠萬事妥，休思更吃人參果。日麗唐虞世，花開甲子年；山中無寇盜，地上總神仙。老夫原是南京太常寺一個贊禮，爵位不尊，姓名可隱。最喜無禍無災，活了九十七歲，閱歷多少興亡，又到上元甲子。

康熙刻本《桃花扇》

孔尚任引驾图

作品对南明统治阶级内部的矛盾斗争作了淋漓尽致的描绘和揭露。同时，热情歌颂了李香君、柳敬亭等一批下层人物。

《桃花扇》塑造了二三十个人物，写得性格各异，互不雷同。同为魏阉余党，马士英与阮大铖性格各异；同样，李香君、李贞丽、卞玉京、郑妥娘同为秦淮妓女，也性格各异。在塑造李香君的形象时，把人物对爱情的坚贞和对汉奸的憎恨态度紧密结合起来，令人物的命运与国家的命运联系在一起，使《桃花扇》区别于一般的才子佳人戏，有了新的主题。《桃花扇》写人物，一是把人物放在复杂的社会关系中写出人物的复杂性格，二是不同的人物采用不同的写法。

在结构上，《桃花扇》以侯李的离合为主线，社会政局的动荡变化为副线，疏密相间，连环相生，互相生发。情节虽起伏多变，结构却浑然一体，表现了作者高度的艺术概括能力。尤其是以一柄宫扇贯穿始终，并以扇命名其剧，更显作者的艺术匠心。

《桃花扇》脱稿后，风行一时。在康熙年间的剧坛上，孔尚任的《桃花扇》在北方和南方洪升的《长生殿》齐名，遥相呼应，被人称作“南洪北孔”。

《古今伪书考》开辨伪风气

清代学者姚际恒著《古今伪书考》一书，开创了清代辨伪之风气。

姚际恒（1647 ~ 约 1715）字立方，号首源，安徽人，寄居浙江仁和（今杭州）。用 14 年时间撰成《九经通论》。《古今伪书考》是该书的附末，仅一卷，曾收入《知不足斋丛书》。1929 年由朴社出版。1933 年再版时，历史学家顾颉刚曾为之校点并作序写跋。

《古今伪书考》有经类 19 种、史类 13 种、子类 30 种。姚氏详细考证凡其认为托名伪造之古书，如经类之《易传》、《古文尚书》、《周礼》，史类之《竹书纪年》、《穆天子传》，子类之《关尹子》、《晏子春秋》等，颇有收获。治学态度严谨，若前人对某书已有研究，则将其研究列述于前。在子类之后又列出五类伪书：真书杂伪者，如《文子》、《庄子》等；本非伪书而后人妄托其人之名者，如《尔雅》、《韵书》；两人共一书名，今传者不知何人所著者，如《吴越春秋》等；书非伪而书名伪者，如《春秋繁露》等；不能确定著作人者，如《国语》、《孙子》等。

姚际恒著《古今伪书考》，敢于批评前人不敢怀疑的经书，坚持实事求是的学术态度，对后来辨伪风气的勃兴有重大影响。

浙西派词兴起

清初，朱彝尊词论标举南宋，提倡清空醇雅的词风，成为浙西词派的创始人。

朱彝尊（1629～1709），字锡鬯，号竹土宅，浙江秀水（今嘉兴）人。其诗清新浑朴，与王士禛并称南北两大诗人。其词多在字句声律上用功，细致绵密，婉转嘹亮。如〔卖花声〕《雨花台》、〔长亭怨慢〕《雁》、〔百家令〕《度居庸关》、〔风蝶令〕《石城怀古》等，或追怀往事，或吊古伤今，或借物寓意，多有感而发，沉郁凄清，包含着沧桑之感。其艳词辞句工丽，声律协调，为人传诵。朱词字琢句炼，风格清雅疏宕，空灵隽永，在当地影响较大。同里友人相与唱和，互相标榜，风靡一时。龚翔麟、李良年、李符、沈皞日、沈登岸皆有词集行世，与朱彝尊共称浙西六家。

雍正、乾隆年间，浙派的代表词人为厉鹗。厉鹗（1692～1752），字太鸿，号樊榭，浙江钱塘（今杭州）人。年轻时吟咏于杭州山水之间，其后足迹遍及两浙、齐、鲁、幽燕等名山大川。他的词宗南宋姜夔、张炎等人，笔调清疏细巧，字句工炼，审音叶律，但意境不够深沉、阔大。厉鹗词多怀古咏物之作，如〔齐天乐〕《吴山望隔江霁雪》、〔玉漏迟〕《永康病中夜雨感怀》、〔摸鱼儿〕《芙城清明》等，实于“浙派”诗风。

浙派的创作往往以词调婉转嘹亮、琢句工致精美取胜，但内容比较贫乏。朱词有沉厚不足的毛病，厉词有饾饤窳弱的流弊。他们间或也有感时寄兴之作，包孕着兴亡之感，有一定的社会意义。

开始编《佩文韵府》

康熙四十三年（1704），康熙命张玉书等6人编修《佩文韵府》，于康熙五十年（1711）修成。

这是一部将古籍各类词藻按韵排列的类书。它根据元阴时夫《韵府群玉》和明凌稚隆《五车韵瑞》的“事系于字，字统于韵”的体例，又大加增补而成，《佩文韵府》原本不标卷次，只依照106个韵部，为106卷，而中分24子卷，后因篇幅太多，乃编为444卷。

该书编次字词，先分平上去入四声，平声双分上平声、下平声，每声都依韵目分作数十部，每部收入同韵的单字，每个单字下面排列尾字和这个单字相同的词语，按二字、三字、四字的顺序排列。所收单字，都注明音义，词语下面，则列载名项出典。所收词语典故，凡是《韵府群玉》、《五车韵瑞》所已采的，叫作韵藻，列在前边，两书所未收的，别标“增”字，排在后面。罗列的材料，各以经史子集为次。

康熙五十五年，续编成《韵府拾遗》。《韵府拾遗》所补为前编已有的单字，加注字书的反切；增补前编未有的单字，兼注音义；增补前编未有的词语，叫作补藻；增补前编未备的注释，叫作补注。

最大类书《古今图书集成》初稿完成

康熙四十五年（1706），陈梦雷奉诚郡王允祉之命编纂的《古今图书集成》初稿完成。

陈梦雷，字则震，福州侯官人。康熙九年中进士，授翰林编修。康熙十二年（1673）返闽省亲，适逢三藩之乱，陈梦雷因拒绝耿精忠所授官职而被拘留，而京师则误传梦雷降耿。三藩平定后，陈梦雷遂遭逮捕，三十七年

《古今图书集成》

（1698）释放，侍奉三皇子允祉。后来，皇室发生争夺帝位的斗争，四皇子允胤（雍正帝）获胜，祸殃池鱼，陈梦雷也被发遣边外。这样，雍正四年(1726)《古今图书集成》在刊印时，署名为康熙帝钦定，户部尚书蒋廷锡等校定，只字未提允祉、陈梦雷。

《集成》在体例上采用三级分类体系，层层统摄，各具条贯。以历象、方舆、明伦、博物、理学、经济六编，统摄 32 典，6109 部。部下分类编次，主要项目有：①汇考，记大事，寻根求源；②总论，记录经史子集各书中的议论；③列传，记录历代风云人物的生平事迹；④艺文，采摘历代的诗文歌赋；⑤选句，精选骈词俪语；⑥纪事，收集各种琐碎小事；⑦杂录、外编，收录那些不宜列入上述各项的材料。此外，根据需要，还插有图、表。所辑内容，往往整篇、整段抄录，不加删改，并详列出处。此书在编排体例上颇为严谨，层次分明，所辑材料无不逐项排比，系统性强，充分体现了类书“以类聚事”的特点。所以，无论在内容上，抑或在体例上都堪称我国古代类书成熟与完善的代表。

《古今图书集成》内容丰富，迄今仍为许多学者所重视。由于所辑资料下及清初，所以此书在很多方面都超越前代类书。比如在记载明末清初，西洋历传入我国，造图制器方面，皆胜往昔。而清代初、中期，拓土开疆，版图辽阔，为汉唐以来所未有，这都是《永乐大典》所不记的。此外，艺术典内还吸收了西方的数学，如几何、代数的公式，平面、立体的图形等，均为过去类书所不载。又由于《集成》晚于《永乐大典》300余年，因此它收录了许多《永乐大典》所没收录的东西，如金、元人的遗文，明及清初的文献等，这为后世提供了宝贵的资料。

《古今图书集成》是我国现存最大的一部类书，被外国誉为“康熙百科全书”，其卷帙之浩繁，可谓居世界百科全书之冠。它的修成，对保存和整理中国古代的文献资料具有重大意义。

《全唐诗》编成

康熙四十五年（1706）十月，《全唐诗》编成后，由曹寅奉旨刊刻面世。

康熙四十四年三月，彭定求等10人奉敕编校唐诗，在明代胡震亨《唐音统签》和清初季振宜《唐诗》的基础上，通过拾遗补缺，经过一年半的努力，终于编成了这部唐诗总集。

《全唐诗》共900卷，目录12卷，计收集2100余作者的诗48900余首，基本上囊括了唐代的诗歌，其内容形式上，以帝王后妃作品列于全书之首；其次为乐章、乐府；再是历朝作者，略按时间先后编排，并附以作者简单生平；最后是联句、逸句、名媛、僧、道士、仙、神、鬼、怪、歌、谚谜、酒令等，以补遗、词缀于末，全面反映了唐诗的繁荣景象。《全唐诗》编成后最早的本子是康熙四十六年的扬州诗局本，共120册，到光绪十三年（1887），上海同文书局石印本（4函），归并成32卷，后不断排印并辑补。

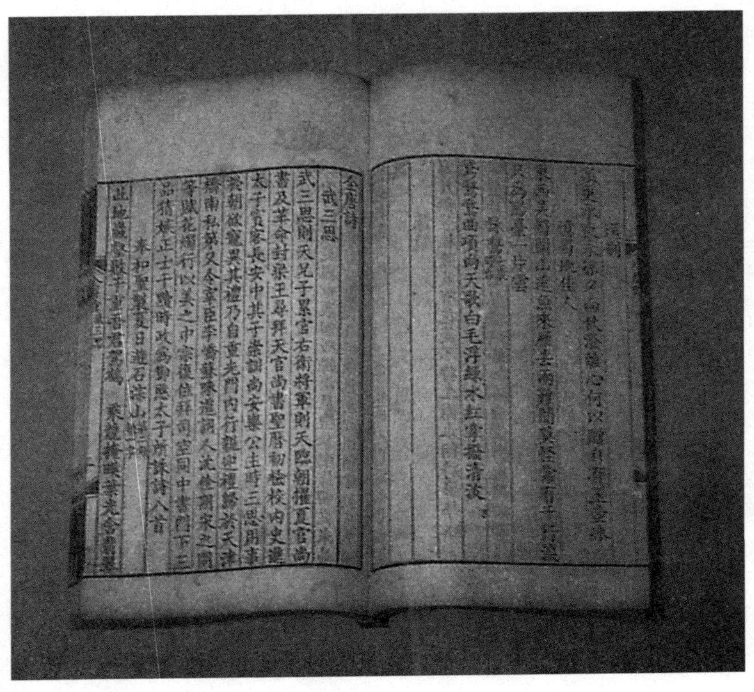

清代武英殿刻本《全唐诗》

《清文鉴》编修完成

康熙四十七年（1708）六月《清文鉴》成书。《清文鉴》为满文分类辞典，36部，280类，21卷，共12000余条。后几经重修，成为满、汉、蒙、藏、维五种语言对照的《五体清文鉴》。

早在康熙十二年（1673）四月，康熙帝就提出要编修一部满文字书。当时，他对侍臣讲述了编纂这样一部书的重要性：恐怕后生满洲子弟忘记满语，渐习汉语。康熙帝把编书的任务交给翰林院学士傅达礼。在编修过程中，儒臣们分类排纂，每天缮稿进呈，康熙帝亲自审定。《清文鉴》经过30多年努力，终于告成，康熙帝亲自作序。《清文鉴》的出版虽然并未能将各地满族方言

全部厘定与统一，但它保证了官方通行的书面满语的规范与纯正，不仅便利于当时的流通与应用，而且对后世亦有很大教益。

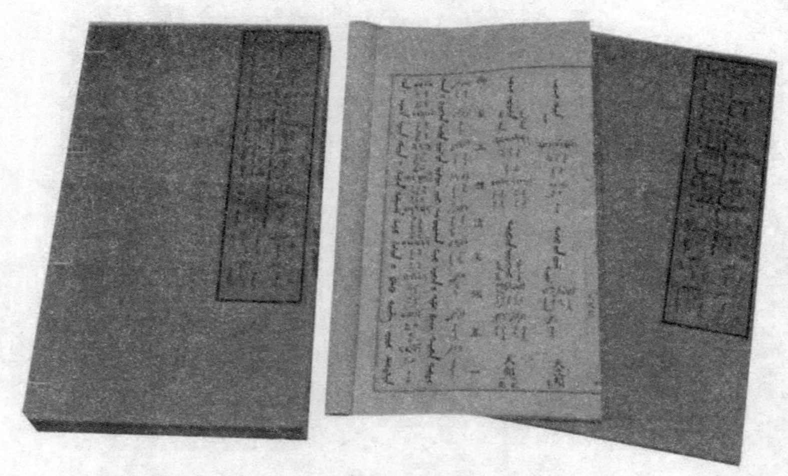

《御制五体清文监》，是由满文、藏文、蒙古文、维吾尔文、汉文对照的分类辞书。

王源著《平书》

清初，王源著《平书》，反对地主兼并土地，主张改革商税。

王源（1648 ~ 1710），字昆绳，直隶大兴（今属北京市）人。颜（元）李（塨）学派的重要成员。王源主张土地官有，惟耕者有其田；他建议朝廷立法规定：占有土地者必须自耕，不许雇人代耕；务农者不得再为士商工，士商工官则不得占有土地。他强调"惟农为有田"，非自耕农应把土地或献或卖给官府。为此，他设计了六条"收田之策"：清官地、辟旷土、收闲田、没贼产、献田、买田。他还提出在土地入官府后实行畺田制，以 600 亩为一畺，其中 100 亩为公田，以 10 家各 50 亩耕种，年 60 还田。在畺田中不收租每户交纳绢 3 尺、绵 1 两，或布 6 尺、麻 2 两，每丁每年服役 3 日；民田的赋税徭役照旧。由于民田的赋役倍于官府的畺田，民田所有者就会宁愿将田"归之官而更受之于官"，就可达到"天下之田尽归诸官"的目的，实现均田的目标。对城市宅地，他认为应该与农村耕地加以区别，城市中可拥有私地，并可买卖、建屋和收取房租。在商业问题上，王源反对重本轻末，主张提高商业的社会地位，他把传统的士农工商的社会分工改为士农军商工，以示对商业的重视。他反对向商人征收重税，主张实行商税改革，取消一切苛捐杂税，统一以商人的利润和资本的多寡征收商税。他还要求，凡商人仅足本者免其税，亏本者则除烟酒外皆由官府按成本买进。又要求商人可以进入士大夫行列，以资本之多寡将商人分为九等，凡税额达到一定标准的可以授予九品至五品之官爵。

上海最早的天主教堂外景

藏语文学繁荣

进入清代，藏语文学空前繁荣，达到另一个高峰。这一时期的史学，有五世达赖喇嘛阿旺罗桑嘉措（1617 ~ 1682）的《西藏王臣史》、《大昭志》，洛桑登巴坚赞的《青颈鸟传奇》（《千眼千臂观世音菩萨陀罗尼神咒经》）。其中《西藏王臣史》（全名是《西藏历史·春后之歌》），已突破了以往写史的模式，详今略古，详于政治事件的记述而略于佛教发展的描绘。

才仁旺阶（1697 ~ 1764），是颇罗鼐·索纳多杰（1689 ~ 1747）执政时期的“噶隆”，著有《颇罗鼐传》、《噶隆传》等。《颇罗鼐传》，详细记述了颇罗鼐一生的全部主要事迹。17 世纪，藏族的诗有新的发展，呈现出万紫千红的局面。从所阐述的内容和运用的形式格律的不同，可以大体分为“道歌体”诗、“格言体”诗、“年阿体”诗、“四六体”诗等四个流派。“道格体”诗创始于 11 世纪藏传佛教噶举派的创始人玛尔巴和米拉日巴。《格言体》诗有贡唐·丹白准美（1717 ~ 1786）的《水树格言》（又译《水木格言》），拉卜楞寺大学者贡唐·登白卓美（1762 ~ 1823）的《树的格言》。《年阿体》诗是 13 世纪将《诗镜》从梵文译成藏文后形成的。《诗镜》的藏文是“年阿

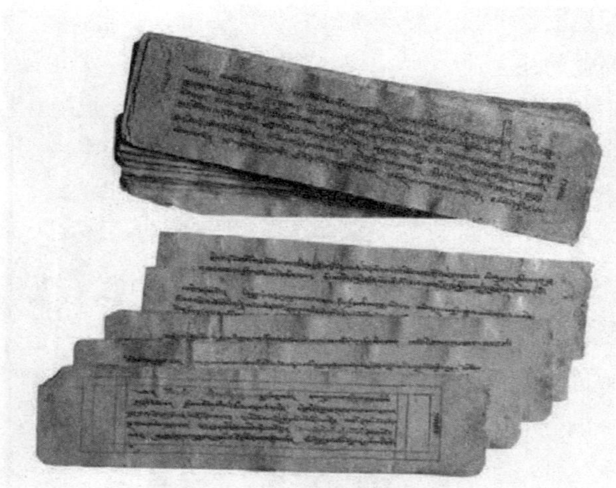
手抄本《格萨尔王传》是藏族地区广泛流传的长篇英雄史诗，在蒙古族、土族、纳西族等地区和不丹、尼泊尔等国家的某些地区也有流行。

买隆”，“年阿”意为“雅语”或“美文”，“买隆”意为“镜子”。《诗镜》主要是讨论文体、讲述修辞和写作知识的。“四六体”诗，是采用四句六音节三停顿的格律写成的。定钦地方的才仁旺堆将《甘珠尔》中《如意宝藤》里的《语桑明言》改写成藏戏脚本《诺桑王子》，就是采用这种格律的。尤其是六世达赖仓央嘉措（1683 ~ 1705？）写出了著名的《仓央嘉措情歌》，以清新明快的语言，表达了真挚纯洁的爱情，一扫以往作家诗坛华丽浮艳之风，开创了新的诗风。

这一时期的长篇小说有才仁旺阶的《熏奴达美》和达普巴·罗桑增白坚赞的《郑宛达哇》（《青年达美的故事》）两部。寓言小说有：十一世达赖喇嘛的《猴鸟的故事》、白珠·乌坚吉美却吉旺布（1808 ~ 1887）的《莲苑歌舞》等。

蒲松龄创作《聊斋志异》

蒲松龄（1640 ~ 1715），字留仙，别号柳泉居士，山东淄川（今属淄博市）人，清代著名文学家。蒲松龄出身于“累代书香”的没落地主家庭，19 岁时初应童子试，即接连考取县、府、道三个第一，名扬一时。但此后他却屡试不中，只能长期在乡间当塾师。他一生中唯一的一次远游是到外地做过一年幕宾。71 岁高龄时，他才得以援例成为贡生，四年后即去世。

蒲松龄多才多艺,著作颇丰,他一生心血的结晶是文言短篇小说集《聊斋志异》。此书在他40岁左右已初具规模,此后不断有所修改和增补,直到他暮年方才成书。《聊斋志异》通行本有16卷,合计近500篇作品。这些作品都融进了蒲松龄的虚构想象,生活经验和审美趣味,反映了广阔的现实生活,有丰富深刻的思想内容。《聊斋志异》中数量最高的是描写爱情婚姻主题的作品,表现了强烈的反封建礼教的精神。《香玉》、《青凤》、《莲香》、《小谢》、《婴宁》等歌颂了青年男女的真诚相爱,自由结合;《瑞云》、《阿宝》、《乔女》中则塑造了许多“情种”、“情痴”的形象,肯定他们“知己之爱”的坚贞和专一;《鸦头》、《细侯》、《连城》、《宦娘》等作品则揭露了封建势力对青年男女爱情生活的压抑,表现了青年人的反抗斗争。这些作品表达了作者理想中的爱情,是书中最精彩的篇章。暴露政治腐败和社会黑暗的作品,是《聊斋志异》中极具思想价值的部分。《促织》、《公孙九娘》等反映了官贪吏虐、豪强横行、生灵涂炭的现实;《梦狼》、《潞令》等篇揭露了贪官

清人绘《聊斋志异》插图 · 鼠腹藏金

蒲松龄《拟表》手稿

蒲松龄生前用过的印章

蠹役、土豪劣绅残害百姓的种种暴行；《席方平》、《向果》等则同情和歌颂被压迫人民的反抗斗争。这类作品反映了封建社会的根本矛盾，现实性较强。《聊斋志异》的再一重要内容，是对科举制度弊端的揭露和批判。《素秋》、《神女》、《阿宝》等篇暗示了科场的营私舞弊，贿赂公行；《于去恶》、《司文郎》则讽刺了考官的不学无术、有眼无珠；《叶生》抨击了科举制度埋没人才的罪恶。书中还描写了醉心于功名利禄和不屑“易面目图荣显”的两类士子。由于蒲松龄一生都未放弃科举仕途的追求，因此十分熟悉科场的黑暗、考官的昏聩和士子的心理，写来切中时弊，入木三分。《聊斋志异》中还有一些别具意义的作品。有的抨击了社会上的浅薄之风，歌颂了高尚的道德情操。有的篇章富于寓言意味，给读者以哲理性的启示。由于作者思想和时代的局限，《聊斋志异》中也存在着一些消极因素，如宣扬因果报应、地狱轮回及宿命论等迷信思想和一夫多妻等封建伦理观念。

清人绘《聊斋志异》插图·救灾祀雨

《聊斋志异》有独特的艺术风格。其大多数作品运用现实主义和浪漫主义相结合的创作方法，采用了历史传记和传奇文章相结合的基本样式。其艺术成就首先在于以多种手法塑造出一系列令人难色忘的人物形象。在蒲松龄笔下，由花妖狐魅幻化而来的人物性格与花妖狐魅原型的特征有机融合。在艺术结构方面，《聊斋志异》既注意了情节的曲折多变，引人入胜，又做到主次分明、脉络清晰，奇巧与严谨相辅相成；同时展开了丰富的想象，营造出幽明相间、似幻似真的神异迷离的境界。《聊斋志异》的语言风格既典雅工丽又生动活泼。作者创造性地运用了古典文学语言，同时提炼和融会了当时的方言口语，雅俗结合，行文摇曳多姿，句法富于变化，形象性和表现力都很强。

《聊斋志异》是蒲松龄的代表作，通过志怪寄托孤愤，反映了现实生活，在艺术上达到了文言小说的高峰。

康熙五十四年（1715），蒲松龄去世。

《聊斋志异》（铸雪斋卑抄本）

清画院开始繁荣

《盲人说唱图》。金廷标绘。

《杂画册》。高其佩绘。

清代帝王虽然崇尚艺事，但并未设立正式画院。“画院”乃是指宫廷绘画活动的专门场所。顺治康熙时内廷集中了一批御用画家，并授予内廷供奉、内廷祗侯等职。这就具有了前代画院的特征。

随着清代统治的稳定和经济的繁荣，宫廷画家的创作逐渐增多。康熙五十年（1711），由王原祁主持，会同内廷画家冷枚、金昆等 14 人创作的《康熙六旬万寿圣典图》（2 卷），以及由王原祁主持，王翚设计，众多画家参加绘制的《康熙南巡图》皆是工程浩繁，历时较长的艺坛盛事。乾隆时，设立“如意馆”和“画院处”两个机构。“如意馆”设在圆明园内，其性质很象唐初的翰林院。画家冷枚、唐岱、陈枚、沈源、金昆、卢湛以及西洋传教士画家郎士宁、王致诚、艾启蒙都出入于如意馆。画院处则是依旨意组织艺术创作的职能机构，当时主要画家有陈枚、沈喻、丁观鹏、张为邦等。雍乾时期画家进入内廷，要根据其艺术水平的高低及其擅长的工种，分别称为画画人，画样人、画工、

《仿古山水册》。方士庶绘。

《允札小像》。轴莽鹄立写照、蒋廷锡补景。

《秋山夕照图》轴。吴石仙绘。

画匠。画画人还被分成一、二、三等，待遇不同。清代画院，自清初至乾隆、嘉庆 100 多年间很是发达兴旺，画家众多，派系纷杂。山水画以“四王”（王时敏、王鉴、王原祁、王翚）为标准的正统画派为主。花鸟画方面，著名的画家有蒋廷锡、邹一桂等人；人物肖像画方面，著名画家有孟永光、王国材、禹之鼎等人。

清代画院绘画题材多样，无所不包，既有室内装饰画，供帝王案头欣赏的作品，典祀、职贡、耕织、家具、陶冶、方域、产业、操典等图式及写生作品《允札小像》。轴莽鹄立写照、蒋廷锡补景，反映帝王、帝后、功臣及少数民族代表的肖像图，宫苑风光等反映了清代的社会风貌。

《避暑山庄图》绘成

康熙五十二年（1713），清圣祖玄烨60寿辰，冷枚绘成了《避暑山庄图》。

冷枚（？~约1742），字吉臣，号金门画史，胶州人。他与焦秉贞、沈喻并称为康熙晚期的三大著名宫廷画家，擅长仕女、神佛、罗汉等人物画。任职清廷画院近40年，创作了大量作品，题材广泛，成绩卓著，颇受最高统治者的器重和赏识，在我国画院史上占有重要地位。

《避暑山庄图》取景包括平原、湖区佳景的全部，即避暑山庄的全景。所画景物右至武烈河及东部山区，左至西岭山区为止，并从山庄东部崖殿“万壑松风”殿座开始，一层层向北展开，包罗四围秀岭，十里湖湘的整个湖区、平原区主要建筑和自然风貌，体现了冷枚高度的概括能力和精湛的艺术技巧，历史与艺术价值很高。

《避暑山庄图》。冷枚绘。

西方画法进入中国

清初的时候，一些西洋画家来到中国，有的甚至进入内廷画院，他们将西洋画法也带入中国。

康熙晚期至乾隆初期，一些西洋传教士进入画院供奉内廷。起初他们以自己擅长的古典主义风格的油画作品进献，但是由于中西的艺术风格的差别，西方绘画使用的明暗对比、阴影强烈、焦点透视的写实主义风格，与中国写意风格的作品完全不同。皇帝并不欣赏传教士的作品。为了取悦帝王，西洋画家纷纷改变其画风，吸收中国的绘画技法，在作品中渗入中国传统审美意趣，比如减弱明暗对比，减少高光，以细致的渲染避免笔触的暴露，用皴擦取代阴面涂染。

清代画院中西洋画家很多，以郎世宁、艾启蒙最为著名。郎世宁（1688 ~ 1766），意大利米兰人。康熙五十四年（1715）作为传教士来华，后来进入如意馆，作了宫廷画家。他曾帮助编著一本专门介绍西方透视学的书《视学》。郎世宁的画精于画肖像、花鸟、走兽，特别擅长画马。他的画注重透视和明暗，重写实，刻画细致，立体感、空间深度很强。艾启蒙（1708 ~ 1780），捷克波西米亚人。乾隆十年（1745）来华，入如意馆，授三品衔奉宸苑卿。他善长西洋画和建筑美术设计，入宫廷后他刻苦学习中国画，工于山水、人物、飞禽、兽畜、花卉。

西洋教士画家大都服务于宫廷，作品极少在外间流传，清初的宫廷绘画有些作品受到西洋画法的影响，但这种影响也是有限的，并没有在当时整个中国画坛上结果。当然，在西洋教士画家之前也有些中国本土画家，通过各种途径学习了西洋画法，并将它与中国画法相糅合，开创一代新画风。如焦秉贞从欧洲籍传教士汤若望、南怀仁处习得西洋透视，将其用于山水画中。据说焦秉贞画林木、庐舍、人物、山水仍用传统画法，只是在其远近、大小方面采用西洋画法，糅合中西，尽管运用得还不是很成熟，但确是开一新派。其他的如冷枚、陈枚、唐岱等画家也都参用过西洋画法。

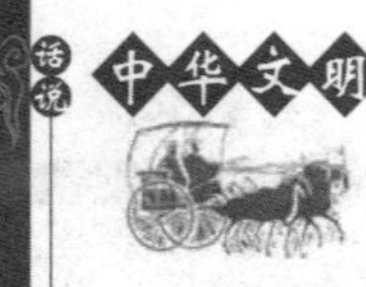

《十骏马图》册之一。王致诚绘。

《十骏马图》册之二。王致诚绘。

《宝吉骝图》轴。艾启蒙绘。

《竹荫西猰图》轴。坪世宁绘。

《胤禛朗吟阁图》轴。佚名绘。

《康熙字典》编成

康熙四十九年（1710），清帝康熙下谕令张玉书、陈廷敬参照明代梅膺祚《字汇》和张自烈《正字通》编纂大型字典。康熙五十五年（1716）编成，刊印发行全国。原名《字典》，因作于康熙年间，后世俗称《康熙字典》。它是中国第一部用《字典》命名的字书，也是中国第一部官修字典，“字典”之名从此成为同类辞书的通名。

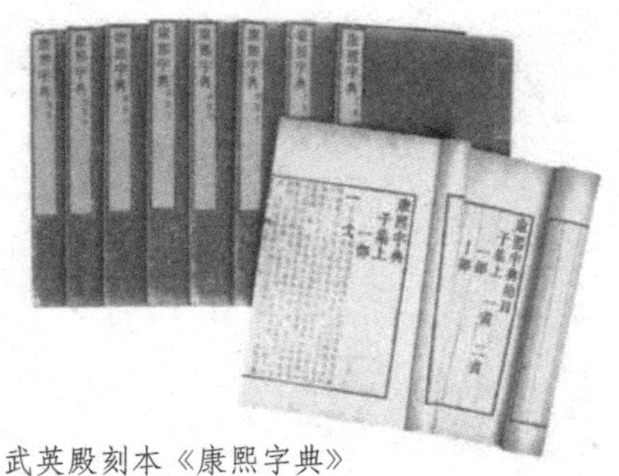
武英殿刻本《康熙字典》

《康熙字典》体例完全仿照《字汇》和《正字通》，沿用其214个部首，以十二地支分12集，每集又分上、中、下三卷。首列总目、等韵、检字、辨似等，末附补遗、备考。《检字》为检查疑字而设；《辨似》为辨别笔画近似的字。部首和部中之字，各依笔划多少顺序排列。释字先音后义，注音以《唐韵》、《集韵》、《韵会》、《洪武正韵》的反切为主。这些韵未收之字，采用他书之音。反切之后，解说字的本义，再列此字的别音别义和古音。每个字如有古体，列于本字之下，重文、别体、俗书、讹字，附于注后。对音义有疑的则加按辨析。字义之下都引经、史、子、集文句为证，但引文错误较多。

《康熙字典》收字47043个，在1915年中华书局出版《中华大字典》之前，一直是中国收字最多的字典。不少冷僻字，它书不见，往往于此书可得。

武林派代表画院风格

清初之中叶，江浙地区，除了文人画系统的风格流存外，院画式画风亦极为风行，其中以“袁氏画派”和“武林派”最盛。

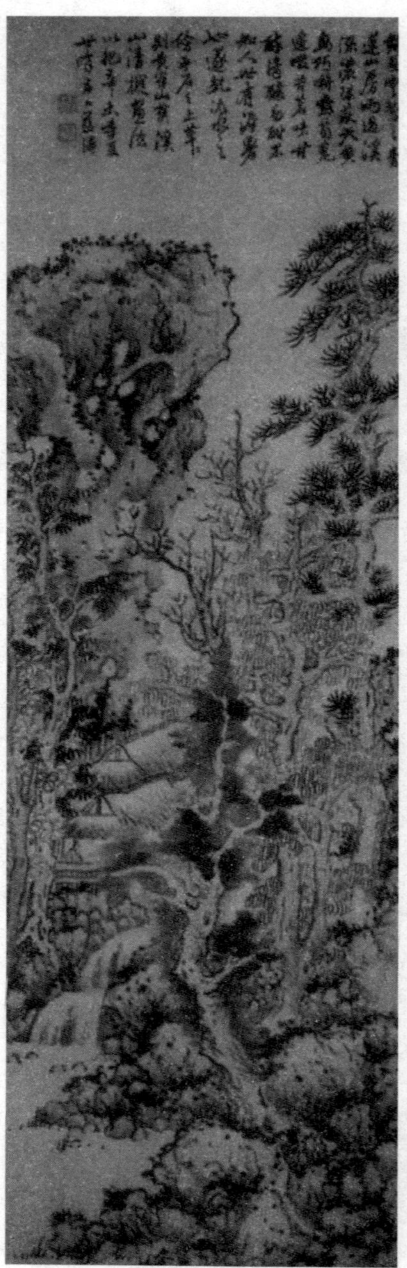

《销夏图》轴。蓝涛绘。

《垂钓图》轴。蓝深绘。

武林派由蓝瑛一族的画家集群，构成以蓝孟、蓝深、蓝涛、蓝洄为主。代表了传统院画风格的画派。他们宗法唐、宋、元诸家，因活动于浙江杭州，被称为“浙派殿军”。从存世作品看，其构图、题材也很有士气，超越了浙派界限，画中由近而远的构图法，以及严密的皴法、明快的设色几乎看不到浙派的特征，体现出的是在新形势下的风格变迁与清初艺术流派间画风的相互影响。

《仿古山水册》。蓝孟绘。

袁江领导袁氏画派

界画，原是中国画“十三科”之一，因作画时用界尺引线而得名，原叫屋木，又称宫室或楼台或楼阁。界画的起源很早，但宋元以来，由于文人画得到极大的发展，界画逐渐不受重视，地位日益低下，直至清朝康熙、雍正年，才出现了袁江领导的袁氏画派。

袁江（约 1671 ～ 1746 之间），字文涛，晚年号岫泉，江苏江都（今扬州）人。他最初在扬州作画，并到过江苏南京及浙江会稽一带进行写生创作。据说他和其子袁耀曾被山西太原的一个尉姓大地主聘去作画，在那里住了很多年。雍正时，袁江来到北京，被召入宫廷，在外养心殿任祗侯。袁江早年是学明代仇英的画法，中年对唐代李思训父子、宋代赵伯驹兄弟的青绿山水下过一番苦功，潜心临摹。在他

醉归图轴。袁江绘。

以前的一些界画，多以建筑物为主要描绘对象，虽然一丝不苟，功力很深，但总感到有点象建筑设计图，缺乏意境和生气，袁江则将工致异常的青绿山水和精密的界画巧妙地结合起来，创造了别具一格的山水楼阁界画。他的画笔墨严整细腻，施彩清丽，画面谨慎工细，这种风格在清初画坛上独树一帜，以雄强的气度为时人推许。袁江的传世之作有《瞻园图卷》（天津市文物管理处藏）、《海上三山图轴》（南京博物院藏）、《骊山避暑图轴》（北京首都博物馆藏）等。袁江的创作风格为其子袁耀以及袁雪、袁瑛等继承，形成了风格独树的袁氏画派。

潍县年画产生

潍县是山东东部的经济文化中心。县城东北的杨家埠是木版年画的发源地之一。当地历史文物证明潍县木版年画最迟出现于乾隆以前。

乾隆年间可考查的潍县年画店有永盛、吉盛、公义、公泰、公茂、公兴等。道光、咸丰年间，画店迅速发展到 60 多家。至光绪年间，潍县年画达到全盛，不但杨家埠发展到 100 多家画店，附近的仓上、寒亭等地也有 50 多家。潍县木版年画具有浓厚民间艺术特色，题材多取于农村人情风俗。最早的年画是神像，如门神、灶祃、蚕神等。稍晚有反映农村生活的《男十忙》、《女十忙》，表现庙会盛况的《四月十八》等等。光绪年间出现了反映时事的年画，如歌颂义和团、红灯照反帝斗争的《炮打日本鬼》，揭露慈禧仓皇出逃北京的《慈禧逃长安》。形式除小型年画外，还有炕头画、窗旁、窗顶、月光等种类，人物造型夸张，构图吸收了杨柳青年画的某些长处，变得更加饱满。

潍县年画是分色套版，着色上既有北方的质朴明快，又有南方的雅致柔丽。潍县木版年画的艺术风格还影响了平度与高密年画的发展。后来平度、高密年画在民国时期得到进一步发展，还是多以喜庆吉利、花鸟、戏曲题材为主。

潍县年画《女十忙》

潍县年画《三顾茅庐》

《东周列国志》定型

《东周列国志》是清代写春秋战国时期“列国”故事的历史小说。此书故事雏形产生于元代。明代余邵鱼（字畏斋）曾编撰《列国志传》8卷，明末冯梦龙加以改编，改名为《新列国志》，艺术上有较大提高。清乾隆年间，蔡元放对《新列国志》作了进一步的修改、润色，并改书名为《东周列国志》，23卷，108回。

《东周列国志》从西周末年宣王三十九年（前789）写起，至秦始皇二十六年（前221）统一全国止，共叙写了春秋战国时期500多年间的历史故事。全书的线索纷繁，但结构主次分明，脉胳清楚。小说描写了幽王残暴无道，引起西戎之乱；平王东迁后周王室逐渐衰弱，诸侯国互相兼并、争霸；诸侯国瓜分而出现七雄并峙的局面；频繁的兼并战争给广大人民带来的无穷灾难和痛苦，故事引人入胜，人物形象生动而有个性。语言基本上比较简洁、流畅。

吴敬梓《儒林外史》成

“乾隆盛世”时，吴敬梓创作了杰出的讽刺小说《儒林外史》。

吴敬梓（1701 ~ 1754），字敏轩，晚年号文木老人，安徽全椒县人，清代著名文学家。出身于科甲鼎盛的缙绅世家，祖上多显达，33岁时迁居南京，家境已十分窘迫，只得卖文为生。36岁时曾被荐应博学鸿词考试，却以病辞，54岁时（1754）穷愁潦倒死于扬州。

大约在40岁到50岁之间，吴敬梓怀着愤世嫉俗的心情创作了不朽之著《儒林外史》。作品以明代为背景，以揭露科举制度下封建士大夫的生活和精神状态为中心，辐射式地讽刺和抨击了当时的官僚制度、人伦关系以及社会风尚的异化。

《儒林外史》的社会批判锋芒所指，主要集中在封建科举制度对士人灵魂的腐蚀毒化方面。吴敬梓站在一定的思想高度上俯视整个封建文化，深刻地剖析了儒林众生的种种心态和生态。在他笔下，大致有这样三类士人：一类是以科举仕进为人生唯一目标的科举迷。他们在科举长途中跋涉大半生，饱尝了人情冷暖、世态炎凉，沉重的心理压力扭曲了他们的性格；在功名富贵的利诱下，由纯朴善良变得庸俗堕落。再一类是一群已经考取功名的士人。他们出仕成贪官污吏，居乡则为土豪劣绅。第三类是科场败北、功名失意却又不甘寂寞、以风流名士自居的人物。作品通过他们附庸风雅、招摇撞骗的行径，从另一方面反映了科举对士人精神状态的毒害和带来的不良社会后果。《儒林外史》还揭露了某些升平表象下的黑暗社会现实，广大淳朴善良的百姓艰难痛苦的处境。除讽刺和揭露外，作者在书中还歌颂了许多正直忠厚的人物，在他们身上寄托了自己的感情和理想，并对下层劳动人民表示了深厚的同情。

吴敬梓画像

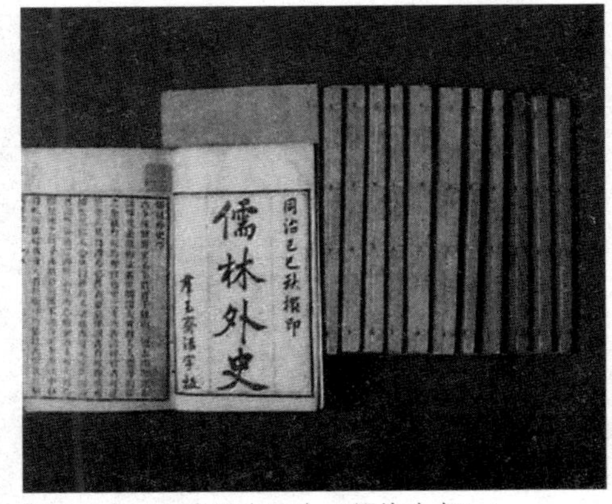

同治八年群玉斋活字印本《儒林外史》

《儒林外史》在艺术上特色鲜明。它是中国古典讽刺文学的代表作，其高超的讽刺艺术首先在于从社会生活中提炼具典型性的带有讽

刺意味的人物形象，显示其悖理和可笑之处。其次，在真实的基础上进行艺术的夸张，如范进中举发疯，严监生临死因多点了两根灯草而迟迟不肯咽气等精彩的描写，都造成了强烈的讽刺效果。第三，通过人物自身言行之间的前后矛盾，使其处于自我嘲弄、自我暴露的境地。总之，《儒林外史》的讽刺艺术矛头直指封建社会制度，是现实主义讽刺艺术成就的高度体现。《儒林外史》的结构也别具一格，“虽云长篇，颇同短制”。全书写了 300 多人，80 多年间事，没有贯穿全书的主要人物和中心事件，而是从反对科举制度这一主要思想出发，自如地安排各色人等，组织情节，从而广泛地反映了社会生活。

《儒林外史》以其高度的思想艺术成就奠定了我国古典讽刺小说的基础。它对晚清谴责小说及现代讽刺文学都有深远影响。它与稍晚的《红楼梦》同样标志了中国长篇小说从内容到形式的成熟。

清代壁画雕塑衰落

清代壁画及雕塑与前代相比，无论绘制技巧、作品气度，还是画作数量与质量，都已呈现衰落的趋势。

内蒙古美岱召三娘子礼佛生活图

首先在造型绘制技巧上，清代壁画与雕塑都缺乏创新。在壁画制作中，虽已吸收了西洋技法，但都过分依重古代流传下来的粉本，致使风格样式趋向保守僵化。雕塑造型，无论是人物，还是动物都流于统一、呆板，缺乏丰富的个性，呈现出普遍概念化、类型化。其次在作品精神气度方面，体现了清代神权与皇权的衰落。大多数作品追求外在形式的繁复与装饰，缺乏内在情感的流露，内在精神的刻画显得单

山东岱庙东岳大帝回銮图

薄。再次在题材方面，大多以沿用传统的宗教故事为主，较少有新题材的开拓。只在清代前期壁画雕塑中尚有时代特征的体现，如在寺庙、道观、会馆、戏台等民间建筑中，其壁画与雕塑出现了戏曲故事与民间传说方面题材；在宫廷壁画中也有民间的小说戏曲题材的作品。最后在制作数量、质量方面，清代壁画与雕塑也不如前代。

清代前期的壁画，至今尚有不少遗存，如山西大同善化寺的观音堂、平遥的镇国寺、河北承德的普宁寺、山西浑源的永安寺、山东泰安的岱庙都有清代工匠的制作。此外还有：兰州金天观的清初壁画，长达200米，描述“老子百年降世八十一回”的传奇故事，人物众多，情节生动；西藏布达拉宫灵塔殿东的《五世达赖见顺治图》，规模恢宏，描绘了五世达赖率3000人使团进京朝见顺治皇帝的史事，歌颂了国家的统一和民族的团结，画法融和了汉藏两族的艺术技法，体现各民族间艺术的交流与融合；山西定襄的关帝庙壁画，取材于《三国演义》的情节反映了民间对世俗神祇的崇拜；清代宫廷里长春宫回廊壁画，描绘了《红楼梦》中“四美钓鱼”、“醉眠芍药”等情节，体现了中西合璧的绘画风格。

清代雕塑主要有宗教雕塑与陵墓雕刻。清初的宗教雕塑以北京喇嘛教寺院东黄寺的三世佛金铜佛（1651）为代表作。清代中期，普宁寺的三世佛、十八罗汉、三十六臂观音像雕刻也很精美。其中三十六臂观音像为木雕彩漆，高2228厘米，是中国最大的木雕佛像，也是清代藏传佛教艺术的珍品。西藏日喀则县扎什伦布寺坐式鎏金强巴佛铜像高2670厘米，是中国最大的铜像，铸造工艺高超，气度非凡。其他的宗教雕塑如罗汉等还有许多，但造型普遍缺乏创新。陵墓雕刻主要集中在东北新宾、沈阳北陵区与河北易县的东、西陵区，以牌坊、华表、望柱、石人、镇墓兽等为主，由于强调表现皇权，清陵墓雕刻大多追求繁复精美的装饰，造型繁复而呆板，缺乏个性与生气。

西藏布达拉宫大昭寺图

西藏布达拉宫金城公主入嫁吐蕃图

《说岳全传》流传

《说岳全传》全称《精忠演义说本岳王全传》。题“仁和钱彩锦文氏编次”，“永福金丰大有氏增订”。钱、金二人生平均不详。全书共20卷80回，约为康熙至乾隆年间的作品。

《说岳全传》讲的是岳飞的故事。岳飞的故事早在南宋末年就成为民间说话艺人的题材。而《说岳全传》糅和了明代熊大木编的《大宋中兴通俗演义》和于华玉编的《按鉴通俗演义精忠传》二书之精华部分，加进许多民间传说，使它故事性大为增强，突出岳飞和他的部将，表现出强烈的民族意识和爱国精神，其成就和影响都超过了前两种小说。

《说岳全传》保留了民间话本的痕迹。在每回结尾都在情节紧张之处打住，以吸引听众。小说保留着“说话”人的许多插话、解释、评论，或者打诨逗笑，故书名有说本二字。

曹雪芹著《红楼梦》

曹雪芹（1715～1763），名霑，字梦阮，号雪芹，又号芹圃、芹溪，祖籍辽阳，是清代伟大的现实主义作家。曹雪芹的曾祖、祖父、父亲三代世袭江宁织造，家世在祖父曹寅时达到鼎盛。康熙6次南巡，其中4次由曹寅接驾，并以曹家为行宫。曹氏不仅为“钟鸣鼎食

北京西山脚下的曹雪芹故居

之家”，而且还是“诗书簪缨之族”。在这种家世环境中成长的曹雪芹，有多方面的生活积累和艺术才华。由于雍正初年封建统治阶级内部政治斗争的株连，曹雪芹之父曹頫被革职下狱，抄没家产，家道从此日渐衰微。后来举家北返，在北京过着贫困的生活。曹雪芹经历了由锦衣玉食的宫廷贵族到“举家食粥”的贫民百姓的沧桑之变，对封建统治阶级的没落命运有切身感受，对社会上的黑暗和罪恶有全面而深刻的认识。在此基础上，他“披阅十载，增删五次”，写出了不朽的现实主义巨著《红楼梦》。《红楼梦》在曹雪芹生前基本定稿的只有前 80 回，原题名为《石头记》，以手抄本形式流传开去。现在通行的《红楼梦》120 回本中后 40 回一般认为是高鹗续补、加工而成。

《红楼梦·怡红夜宴》

清人据《红楼梦》故事绘《大观园图》

《红楼梦》以贾宝玉和林黛玉的爱情悲剧及贾宝玉与薛宝钗的婚姻悲剧为经线，纵向剖析了造成悲剧的深刻的社会根源；同时以贾府的兴衰为纬线，横向展示了由众多人物构成的广阔的社会生活环境。由此揭露了封建社会后期的种种罪恶及其不可克服的内在矛盾，使读者看到封建制度行将崩溃的必然命运。《红楼梦》所展示的矛盾冲突是多方面的。其中最主要的是宝玉、黛玉等封建阶级叛逆者为代表的进步势力和以贾母、贾政、王夫人等封建家

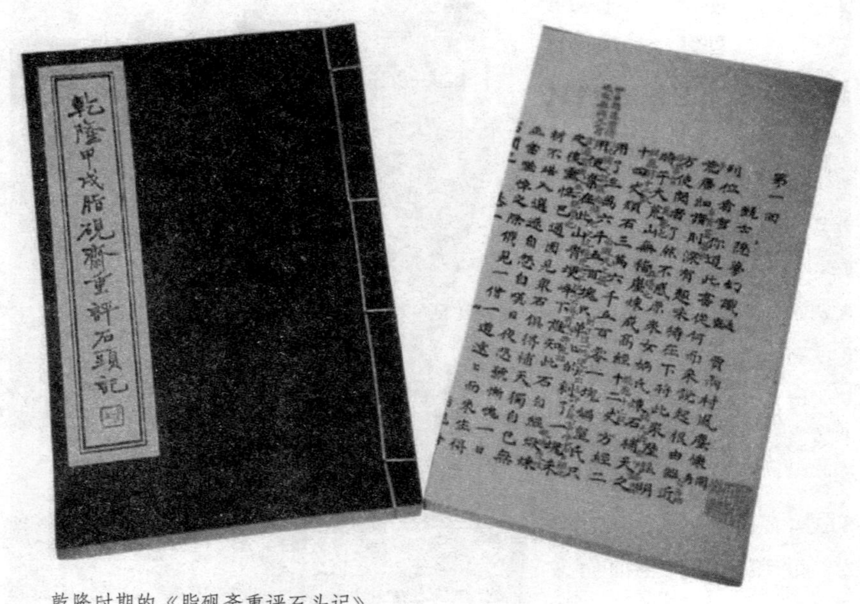

乾隆时期的《脂砚斋重评石头记》

长为代表的封建统治势力之间的冲突。贾、林、薛之间的爱情婚姻悲剧有着深厚的社会内容。贾、林爱情不仅违背了“父母之命，媒妁之言”的封建婚姻制度，而且反映了那个时代的个性解放要求，闪耀着初步的民主主义精神，与传统的封建文化是分庭抗礼的，这就已经为封建势力所不容。另外，贾府封建家长们从维护家族利益出发，要求宝玉将来能为这一将倾的大厦支撑门户，因此出身于“清贵之家”、“孤高自许”而又纯洁率真的林黛玉自然不及家财万贯而又世故圆滑、胸有“青云之志”的皇商小姐薛宝钗得宠，于是“金玉良缘”取代“木石前盟”就成为必然。这一爱情婚姻悲剧实质上反映了当时社会上存在的初步民主主义思想与传统的封建主义思想及封建主义人生道路之间的矛盾。除了这一贯穿全书的主要矛盾之外，《红楼梦》还揭示了下列矛盾冲突：其一是以贾府为代表的四大家族横行霸道、穷奢极侈造成的种种尖锐的社会矛盾。其二是贾府中奴隶与主子之间的对抗性矛盾。晴雯、鸳鸯、司棋等人为了维护自己的人格尊严和做人权利，不惜以死抗争。其三是封建大家族的内部矛盾。贾府中房族、嫡庶、妯娌、婆媳乃至父子、兄弟、夫妇之间，为了金钱或权力展开了或公开或隐蔽、或正面或迂回的斗争，“一个个象乌眼鸡似的，恨不得你吃了我，我吃了你”。这一系列矛盾冲突多角度、全方位地写出了封建社会盛极而衰的转折过程，有深刻的现实批判意义。

《红楼梦》的艺术成就是辉煌的。首先，曹雪芹以精雕细琢的功夫，塑造了贾宝玉、林黛玉、薛宝钗、王熙凤等一大批栩栩如生的典型人物。在他笔下，地位、年龄、性格相近的人写得各各不同。他继承和发展了我国古典诗词和戏曲中情景交融的写法，营造出特定的艺术氛围，烘托人物情绪和心理，表现人物性格。《红楼梦》的艺术结构也是非常成功的。小说以贾、林、薛的爱情婚姻纠葛为主线，把众多人物、事件组织起来，情节纵横交错，形成了一个严密完整的网状结构，既宏大又清晰，有条不紊地将错综复杂的内容表现出来。《红楼梦》的语言成熟而优美，具有简洁纯净、深细含蓄、通俗又典雅的特点，写景状物生动传神。大量的诗词与人物、情节水乳交融，构成了多彩的艺术境界。《红楼梦》在表现现实生活方面有着百科全书式的博大精深，它的叙述、描写如同生活本身一样自然逼真、丰富深厚，对当时贵族家庭的饮食起居等生活细节有精细描绘，显示了作者在烹调、医药、琴棋书画、建筑、戏曲等多方面的知识和才华。

《红楼梦》在继承民族文化传统的基础上进行了巨大创造和发展，成为我国古典小说现实主义的高峰，给后代作家提供了丰富的艺术经验；对《红楼梦》的研究成为一种专门的学问——“红学”。

《唐诗三百首》编成

约乾隆二十九年（1764），孙洙选编成唐诗选集《唐诗三百首》。

孙洙（1711～1778），字临西，号蘅塘退士，无锡人，乾隆进士，曾任知县、教授。

《唐诗三百首》6卷，或作8卷，选诗77家共310首，按五、七言古近各体编排。收入作品数量约占全唐诗的1/160，作者大多为唐代著名诗人，并以杜甫为重点，其次是王维、李白、李商隐、王之涣等人的诗作。内容较为广泛，基本反映了唐代的社会生活和诗歌风貌。

此书最初是为童蒙学习诗歌而编的“私塾课本”，汲取《千家诗》易于成诵之特点，专就唐诗中脍炙人口之作而辑成。其中各体诗歌兼具，既有可读性，又有实用性，老少皆宜，雅俗共赏，成为影响广泛的读物。

《绿野仙踪》成书

清乾隆年间，小说《绿野仙踪》成书，时抄本为100回，刊本为80回。作者李百川，乾隆年间人。

这部长篇小说以明代嘉靖年间为历史背景，描写主人公冷于冰看破红尘弃家修道以及度脱连城壁、金不换、温如玉、周琏等人的故事。全书描写了人世和仙境两个世界，仙境的描写和现实中的虚幻描写，明显受神魔小说的影响，如冷于冰身边的超尘、逐雷二鬼，日行千里，探知隐秘，担负通讯、侦察的任务，这些描写表现了一定的想象力。

小说真切描摹出当时的社会人情世态，对官场的描写也有成功之处，揭露出当时封建官僚政治的腐败和丑恶。

乾隆三十二年（1767）徐扬绘《御制生春图》，反映了当时北京皇宫及民居的建筑风貌。

郑板桥画墨竹

郑燮（1693 ~ 1765），字克柔，号板桥、理庵，江苏兴化人，扬州八怪之一。他曾经任山东范县、潍县知县，颇有政声。在潍县遇到连年灾荒时，他打开官仓，赈济灾民，他在送给山东巡抚的《风竹图》上题诗说："衙斋卧听萧萧竹，疑是民间疾苦声，些小吾曹州县吏，一枝一叶总关情。"但却因此事得罪乡绅，横遭诬谄，于是愤而辞官，回到扬州过着他那"二十年前旧板桥"的卖画生活。

郑板桥绘画主要以兰竹石为对象，其次是松、菊、梅，其中墨竹画得最为出色。尽管他表白自己"无所师承"，画竹学文同苏轼、徐渭、高其佩、石涛、禹之鼎、尚渔庄。他不仅学习古人和今人，更重视向自然学习。他画竹、种竹、爱竹成癖，朝夕与竹相伴，他说："非唯我看竹石，即竹石亦爱我也。"他的墨竹图，不论是新老之竹、风雨之竹，还是水乡之竹、山野之竹，都有独特的性格和生命。在章法则能以少胜多，重在意境创造；在笔墨上则"忽焉而淡，忽焉而浓"，浓淡相宜，干湿并兼；他笔下的竹，往往是竹竿瘦而挺，富有弹性，枝叶颇简，称"减枝减叶法"，以突出

郑板桥小像

《梅竹轴》。郑燮绘。

竹子的“劲节”，叶子又肥，以加强竹子的青翠感。郑燮之竹以意取胜，竹叶往往似桃、柳之叶，但却能神完气足，意境幽远，令人观之忘俗。

板桥画石强调骨法用笔，以白描手法，寥寥数笔，勾出坚硬的山石轮廓，稍作横皴，不施渲染，一般是“石不点苔，惧其浊吾画气”。他画兰则多写山中之兰，取其“各适其天，各全其性”之意，兰叶常常画得肥而有劲。

郑板桥的兰竹石对后世影响很大。乾隆三十年（1765），郑板桥因病去逝，享年 72 岁。

《丛竹图》。郑燮绘。

说文学兴盛

清代语言文字学家在“乾嘉学派”的汉学主张影响下，对《说文解字》的研究做出了巨大的贡献，仅这一时期研究《说文》的著作就多达100余种。乾隆（1736 ~ 1795）中叶，清代《说文》研究风气兴起，较早的专书有惠栋的《说文义礼》15卷，稍后的戴震也对此用力甚深，虽未写成专著，却直接影响了写成《说文解字注》的弟子段玉裁。

在清代众多的《说文》学著作中，成就较大的是：段玉裁（1735 ~ 1815）的《说文解字注》、桂馥（1736 ~ 1806）的《说文义证》、王筠（1784 ~ 1854）的《说文释例》和《说文句读》、朱骏声（1788 ~ 1858）的《说文通训定声》四大家五部书。段注在校订《说文》的文字和阐释许慎的说解方面很有成就；桂派是引古书为《说文》作佐派；王筠的“释例”说解“六书”体例，“句读”通俗晓畅，专为初学者编写；朱骏声的“通训定声”着重通过音义关系指出文字通假区别。

除“《说文》四大家”之外，清代说文研究的名家还很多。他们的研究大致可划归三类：第一类是对《说文》进行校勘、考证。代表性的著作有钮树玉《说文解字校录》、《说文新附考》、《续考》、庄述祖《说文古籀疏证》、姚文田和严可均《说文校议》、沈涛《说文古本考》、钱坫《说文解字斠诠》、田吴炤《说文二徐笺异》、吴玉搢《说文引经考》等等；第二类是对《说文》进行匡证。代表性著作有孔广居《说文疑疑》、俞樾《儿笘录》、陈衍《说文解字辨正》等等；第三类是《说文》研究著作的再补充订正。如钮树玉《段氏说文注订》、徐灏《说文解字注笺》、冯桂芬《说文解字段注考正》等等。

与历代的《说文》学相比，清代无愧是《说文》研究的高潮期，成绩赫赫，功不可没。

桂馥设计的《说文》系统图（许慎、徐铉、徐锴等人像）

古音学昌盛

清初至嘉庆年间，古音学昌盛。著名古音学学者计顾炎武、江永（1681 ~ 1762）、戴震（1723 ~ 1777）、孔广森（1752 ~ 1786）、段玉裁、王念孙、王引之、江有诰（？ ~ 1851）等，对古音学研究作出了杰出的贡献。

江永，字慎修，安徽婺源（今属江西）人。长于考据，精通音韵之学。音韵学代表作有《古韵标准》，定古韵为十三部；《音学辨微》、《四声切韵表》，阐明等韵学及韵书中分韵的原理。

戴震，字东原，安徽休宁人。曾参与纂修《四库全书》，对经学、天文、历算、地理、音韵、训诂等均有深入研究。古音学主要著作有《声韵考》、《声类表》等。他研究古韵强调先有主观的音理（等韵），不肯纯任客观。他把古韵分为 7 类 20 部，后又改为 9 类 25 部。他最大的贡献是把入声韵独立出来，认为阴、阳、入三者相配；把去声祭、泰、夬、废四韵同入声月、曷、末、黠、辖、屑六韵分开，各自独立成一部。

孔广森，字众仲，㧑约，号䪿轩。山东曲阜人。乾隆间中举。官至翰林检讨。治学广博，通贯经史、训诂、六书九数及音韵之学。古音学代表作是《诗声类》。他是戴震的学生，他在继承戴震理论的基础上明确提出阴阳对转的理论，对古韵学有所发明。

江有诰，号古愚，安徽歙县人。古音学主要著作有《音学十书》和《谐声表》。他将古韵分成 20 部；后增加至 21 部。他以等韵作为辅助手段，从一字两读、谐声偏旁和韵文押韵等三个方面来分析古韵，从而彻底解决了四声相配问题，勾画出先秦语音系统的全貌。同时，他还是第一个肯定古音有四声的学者。

皮影戏进入全盛时代

据古籍证明，皮影戏是在宋代京城卞梁诞生并兴盛，后传至陕西得免战火毁灭失传之灾，再后来便由陕西向全国各地传播开来的。

四川西路皮影人

到了清代，随着商业、手工业的发展，皮影戏空前地发展并普及开来，几乎遍布大半个中国。陕西称之为“影戏”、“影子戏”，河南称为“驴皮影”，河北称“滦州影”，江苏、浙江称“皮团团”，广东称“纸影子”，四川称“灯影戏”，福建称“抽皮猴”。

皮影戏在传播过程中，受到各地具体条件、地方剧种的风格以及民间传统审美习惯的影响，经过各地皮影戏艺人的再创造，形成各地不同的造型风格和流派。如陕西皮影便分东西两路，东路（即咸阳以东关中地区）皮影造型精巧细致，装饰严密，刻工讲究，影人较小，高仅九市寸左右，生旦脸部

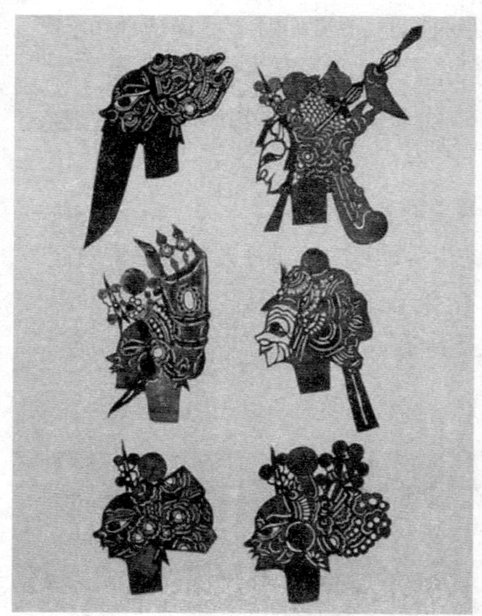

黑龙江皮影头楂

豫西皮影头楂

造型中额头突出，鼻子秀气，嘴形很小。西路（咸阳以西至宝鸡地区），造型粗犷有力，装饰简洁，质朴大方，影人高十二市寸，花脸多圆鼻深眼，生旦脸型多通天鼻，演出照射效果好。北京城皮影也有东城派与西城派之别。东城派（即滦州影）脸谱较夸张，装饰性强，脸型轮廓较明显；西城派（涿州影）雕工精细，着重不同的特征；两派影人高度仅七八市寸。其余省份也有风格特征各不相同的不同派别。此外皮影戏唱腔因各地戏曲的不同也有不同的种类。唱腔较多的地区有陕西和湖北，湖北计有七种，陕西则有十多种，流行较广的有老腔、碗碗腔、阿宫腔、弦板腔、秦腔等五大调，陕北、陕南、关中又有各种道情，安康还有地方特色浓厚的越调。

皮影戏的人物与剧目也越来越丰富多样。主要剧目有《三国》、《封神演义》、《东周列国》、《两汉》、《说唐》、《西游记》、《杨家将》、《岳飞传》、《飞蛇传》等，还有民间话本改编的小剧目和时事性民俗性的剧目。如乾隆年间，陕西东路碗碗腔皮影戏兴起，举人李十三（芳桂）受“经世致用”思想影响，写了八折影戏，抨击清廷和官府的腐败，颂扬复汉雪耻，号召推翻“金轮皇帝”，并第一次喊出婚姻“不用三媒六证，何须月老系红绳”反封建声音，影响深远，也震动了清统治者。有的地方皮影剧目多达一二百种，有的全本影戏甚至能连续演十几个夜晚。随着剧目的增多，影戏角色与背景造型也愈来愈多样化。以陕西皮影戏为例，东路影人的头部与身子的造型，多达三四百种，西路也有一百多种，虽以戏曲的生、旦、净、丑等行当分类，但在每个行当中又有很多不同人物类别。如艺人的影人头包就分文武生、文武旦、将帅、官帽，以及神仙头、妖魔头、番兵番将等十多个分目。衬景也是复杂多样，有龙廷宝殿、兵营虎帐、将相府第、绣房楼阁、内宅花园、天堂地狱、神仙洞窟、舟桥野景、车辇仪仗、室内陈设、四时花木，以及云霓、海浪等等。这些复杂多样的造型以及雕刻技艺已经形成了独特的体系。

涿州影戏《混元金》

山西影戏《水鬼推车》

清代皮影戏因为演出灵活轻便，形象生动，且富有神奇的幻想，可以让观众看到戏曲舞台上无法看到的景观，深受农民和城市居民的欢迎，同时也为宫廷所享用。清嘉庆年间（1796 ~ 1820），每逢年节和喜庆日子，嘉庆皇帝便把皮影班传进内宅，供王妃和阿哥们观赏。各王府还出资置办戏箱，重金聘请艺人长期为他们演出。有些王公贵族十分酷爱皮影艺术，不仅自己参加演唱，还亲自设计雕刻影人。如清末贵族戴光臣仿京剧舞台演出雕刻的影人，堪称北京皮影艺术的珍品。由于满清皇亲贵族们的喜爱，北京影戏班生意兴隆，甚至许多著名京剧演员也参加影戏的演唱，谓之“钻统子”（因影戏后台很窄俗称统子）。最兴盛时影戏班子多达 30 个。各地的影戏班除了极少数进城开设剧场外，多数是非脱产性的，农忙时务农，农闲时排练。每到阴历十月以后，便以 5 人至 7 人组成一个戏班，到各处村镇巡回演出，直到来年开春才回家。

皮影戏的兴盛，不仅给当时人们提供了丰富的娱乐活动，而且也为我国综合艺术增添了新的瑰宝。

山西纸窗皮影人毛遂

说唱艺术极盛

清代前期，由于社会安定，经济繁荣，逐渐形成说唱艺术的极盛期。

这一时期，说唱艺术品种繁多，技艺精湛。它的题材无所不包；音乐结构上有曲牌体和板式体两类；伴奏乐器有丝弦鼓板等多种多样；重要类别有北方鼓词和南方弹词；品种有北京的单弦牌子曲、河北木板大鼓、苏州弹词、扬州清曲、福建南管、广东的龙州歌等约 200 个品种。

北方鼓词中产生较早的犁铧大鼓又叫梨华大鼓、山东大鼓，有郝老凤和王小玉姐妹（白妞、黑妞）等著名艺人。郝老凤主要在鲁中南一带演唱，唱腔保持了较多的乡土气，被称为“老北口”；后来犁铧大鼓进入济南等城市，唱腔中类似打夯的音词被轻腔所代替，成为“小北口”，更受城市听众的欢迎；而王小玉姐妹则创造出柔婉曲折的新腔，即“南口”。在犁铧大鼓出现前后，北方还出现了西河大鼓、京东大鼓、梅花大鼓、东北大鼓等曲种。而在音乐上发展最为成熟的则是光绪年间产生的京韵大鼓，经过著名艺人刘宝全、白云鹏的悉心创造，成为在北方影响最大的说唱艺术。南方弹词则以历史悠久的苏州弹词为代表。清代前期苏州弹词形成不同流派，流传于江苏南部、浙江北部和上海等地，著名艺人王同士创办最早的弹词行会组织光裕会所，并留有“书品”、“书忌”

《清人戏剧图》之《斩子》

各 14 则，总结保留了他的演唱经验。嘉庆年间，又出现著名艺人陈遇乾、俞秀山、马如飞等，所创唱腔流派分别称为陈调、俞调、马调，三派各有特点，并衍生出新流派。

说唱艺术中重要的曲种还有从北京满族子弟中兴起的八角鼓，以伴奏乐器得名，以演员自弹自唱为特点。初期采用各种形式自娱娱人，后期才出现职业献艺，随旗籍官兵驻屯而流传开去，又逐渐分化出新品种。扬州清曲是时调小曲中的代表品种。它既可以只用一个曲牌演唱短段，也可以联缀多个曲牌演唱长篇故事，唱腔细腻抒情，流行于扬州、南京、镇江、上海等地，影响远及北方和滇粤。

清代说唱艺术达到高峰，现代仍流行的汉族说唱品种中约有七成形成于清代，可见其影响之深远。

江南曲艺中有弹词，流行于苏州、上海等地。表演者大都一至三、四人，一人者自抱琵琶弹唱，内容多是才子佳人悲欢离合的故事。清苏州年画《玉堂富贵》，描绘的是评弹艺人在为富有人家之妇女演唱（俗称“堂唱”）。背景衬一花台，台上瓶中牡丹、玉花花开。借玉兰、牡丹（富贵花）之含意，喻富贵之家生活幸福。

《校雠通义》集文献学目录学大成

清乾隆四十四年（1779），章学诚撰成集文献学、目录学之大成的学术专著《校雠通义》。

《校雠通义》共4卷，完成于乾隆四十四年（1779），书稿曾一度被盗，乾隆五十三年做了一次校正更订。《校雠通义》在目录学方面，继承刘向、刘歆的《七略》、《汉书·艺文志》传统，力图反映文化史的演进历程。章学诚视目录学为学术之史，目录学的任务是“辨章学术，考镜源流”，就是要阐述学术的源流嬗变和师承关系，使其渊源、承传、派别历历可考。而这一任务则应该靠在分类体系中申明学术渊源来完成。在此之前，分类体系中注重纵向的联系而忽视了横向的连属，因而章学诚提出了互著、别裁的方法，作为补充。互著即当一书的主题跨越两个或两个以上类目时，必须分别归入相当类目，不避重复，这样各家之学术渊源便可考究。而别裁则是对一书中内容涉及他类的篇章可独立的内容单独成书，归入相当科目，以免被埋汰。在《校雠通义》中，章学诚将此二种方法运用自如，使其著作达到了较高的水平。

为了使书籍的著录不致重复和遗漏，章学诚提出了一系列整理图书的方法。其索引编制法，是我国检索工具的早期形式，它是将书名、篇名、人名等综合索引以便查寻一种图书的检索方法。同时章学诚还对这一方法作了我国书史上最早的理论总结，在我国目录学史上具有里程碑意义。

为了达到其目录学辨学术流源的目的，章学诚还广泛地搜集古今图书，开展辑轶工作，为我国的文献学作出了特有的贡献。

弹词局限于江南

弹词在明代即已流行，出现了不少作品，南方北方都广为传唱。清初北方仍有弹词，但逐渐让位于符合北方音乐特点的鼓词。至清代乾隆年间，弹词流行的范围逐渐缩小，局限于江苏、浙江一带，和北方的鼓词对峙成为两大著名说唱艺术类别，产生了许多重要作品，至今仍然流传于民间。

弹词用三弦、琵琶伴奏，主要题材是才子佳人的爱情故事，风格婉转旖旎。它由说（说白）、噱（穿插）、弹（伴奏）、唱几个部分组成。说白部分为散文，唱词则基本上是七言韵文，其中略有变化，有衬字衬句，使句式更加多样。弹词作品多为长篇，一部作品往往要记上几个月。在语言上弹词有“国音”、“土音”之分。国音弹词用普通话写成，如《安邦志》、《天雨花》、《再生缘》等；土音弹词则用方言创作或夹杂方言，以吴音弹词为最多，如《珍珠塔》、《玉蜻蜓》、《义妖传》等。保存至今的弹词作品有 270 多种，其中不少为妇女作家之作，如《天雨花》、《再生缘》、《笔生花》等。

《天雨花》作于顺治初年，以明万历至天启年间朝廷内部斗争为背景，表现了有正义感的官员左维明和女儿左仪贞等人与奸臣魏忠贤一派的尖锐斗争。作品带有浓厚的政治色彩，在当时影响很大，是弹词作品中的杰作。《再生缘》为陈端生和梁德绳合编，写尚书之女孟丽君几经波折的爱情故事，刻划了一位压倒须眉的奇女子形象，但结局是三美共夫，流于俗套。《再生缘》问世后，许多曲艺、戏曲都加以改编，流传很广。《珍珠塔》也是广为人知的弹词作品，揭露了世态炎凉，有一定进步意义，但封建孝义思想过于浓重。艺术上具有描写细致、语言生动流利的特色，不少片断流传至今。《义妖传》又名《白蛇传》、《雷峰塔》，比起民间传说稍有改动，白娘子妖气有所减弱，更具人情味，她的反抗更为合理，而法海形象则显得更为可憎。

苏州年画《小广寒》，图中画清代上海“小广寒”书场，台上7位弹词艺人或抱琵琶，或拉胡琴在为演唱艺人伴奏。

章学诚著《文史通义》

清乾嘉时期，史学发展不仅在历史考证方面取得很大成绩，而且在史学理论方面也取得了辉煌的成就。章学诚的《文史通义》，把中国古代史学理论推进到最高阶段。

章学诚（1738~1801），字实斋，浙江会稽（绍兴）人。所著《文史通义》内篇 6 卷、外篇 3 卷，对清初以前的史学从理论上进行了比较全面的总结，并提出了许多史学新观点。

第一，史学可以经世。章学诚提出“六经皆史”的学说。他认为：古之六经，都是先王在治理国家和人民中得出的经验，都是史实。基于这种观点，章学诚强烈抨击单纯考索的不良学风，强调博古通今，经世致用。第二，史德与心术。章学诚提出，治史者应有史德，要端正心术。以往史家作史，往往把很多主观的成分掺杂到客观的史实中去，结果造成“失实”现象。因此，欲为良史，必具史德及“著书者之心术”。第三，“史意”与“别识心裁”。在章学诚看来，“史识”是史家的具体论断，“史意”则是史家的思想体系。即作史应有创新，成“一家之言”。因此“史意”的思想概括为：一是明大道，二是主张通古今之变，三是重家学，四是贵独创。

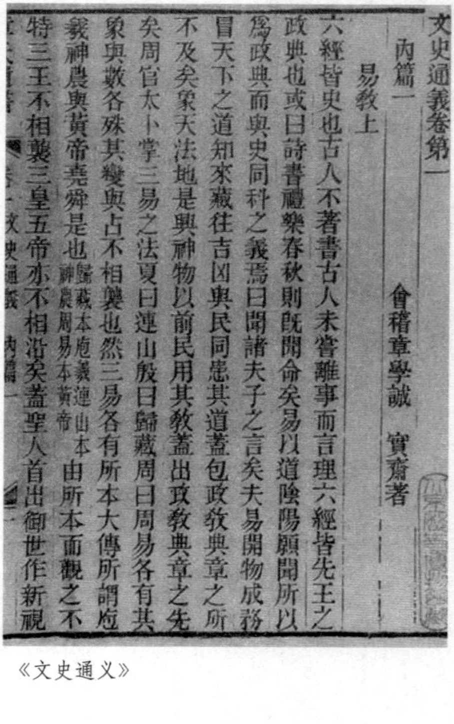
文史通義卷第一
內篇一
易教上　會稽章學誠　實齋著
六經皆史也古人不著書古人未嘗離事而言理六經皆先王之政典也或曰詩書禮樂春秋則既聞命矣易以道陰陽願聞所以爲政典而與史同科之義焉曰聞諸夫子之言矣夫易開物成務冒天下之道知來藏往吉凶與民同患其道蓋包政教典章之所不及矣象天法地是興神物以前民用其教蓋出政教典章之先矣周官太卜掌三易之法夏曰連山殷曰歸藏周曰周易各有其象與數各殊其變與占不相襲也然三易各有所本大傳所謂庖羲神農與黃帝堯舜是也歸藏本庖羲連山本神農周易本黃帝由所本而觀之不特三王不相襲三皇五帝亦不相沿矣蓋聖人首出御世作新視

《文史通义》

基于这种观点，章学诚把古往今

来的史书划分成两大系列，一是撰述，一是记注，而“圆以神”、“方以智”则确定了史学的两大宗门。“圆”指体例上的灵活变化，使之能充分反映历史认识；“方”指体例的严整有序，使之能以储备、容纳尽可能完备的历史知识。“圆以神”的撰述和“方以智”的记注各有优缺点，不能相互代替。这是史学“心意”和“别识心裁”的具体要求。

章学诚是全面总结中国史学理论的最后一个杰出的古代史家。他的《文史通义》及书中所反映的史学思想，标志着中国古代史学理论在基本体系发展上的终结。

章学诚像

《河源纪略》成书

乾隆四十七年(1782)七月十四日，乾隆帝命纪昀等编撰《河源纪略》一书，至四十九年七月成书。

四十七年春，因河南省青龙冈漫口，合龙未成，乾隆帝派大学士阿桂子、乾清门侍卫阿弥达前往青海，探查黄河源头。阿弥达率队探察近半年，回京上奏：星宿海西南有一河，名阿勒坦郭勒，此河实系黄河上源。其水色黄，回旋300余里，穿入星宿海，自此合流至贵德堡，水色金黄，始名黄河。在阿勒坦郭勒西，有巨石高数丈，名阿勒坦噶达素齐老，石上有天池，池中流泉喷涌，为真黄河上源。乾隆帝览奏后，认为所奏河源非常明晰，并谕示四库馆总裁纪昀等，悉心纂办，刊刻颁布，并录入四库全书，以昭传信。《河源纪略》共36卷，绘图列表，考古证今，杂录沿河所见风俗、物产、古迹、轶事，是一部颇具价值的地理学著作。

扬州八怪风格独异

清代中叶，扬州一带有一批书画家，书画风格独异，时称扬州画派。其中以罗聘、李方膺、李鱼单、金农、黄慎、郑燮、高翔和汪士慎八人为代表，被人统称为“扬州八怪”。

扬州八怪是一群在理想上不甘人下而在现实中却又落拓的中下层知识分子。他们多以寄情笔墨描写梅、兰、竹、松、石，表现其清高、孤傲、脱俗，并运用象征、比拟、隐喻等手法，赋予作品深刻的社会内容和独特的思想表现形式。同时，扬州八怪对人民的疾苦，官场的腐败，富商的巧取豪夺，感受最深。加之自身的不平际遭，往往借作品表现出来，因而其作品较少士大夫的精细，而多不同流俗的狂野；在笔墨上，则不受成法的约束，直抒胸臆。

扬州八怪发展了中国传统水墨写意画的技巧和意境，尤其在思想上有重大的突破，在历代画坛上独树一帜。

罗聘（1733~1799），字遯夫，号两峰，别号花之寺僧。安徽歙县人。后迁扬州定居。家贫，幼年丧父，跟随金农学画。布衣终身。罗聘的画题材广泛，笔法凝重，而思致渊雅常借物抒怀，讽时喻世。所画人物、肖像、山水、花卉等均有很高的造诣。代表作还有《冬心先生蕉荫午睡图》、《药根和尚像》、《墨梅图》等。著作有《香叶草堂诗集》。

《鲇鱼图》轴。李方膺绘。

《山水花卉册》。罗聘绘。

李方膺（1695~1755），字虬仲，号晴江，别号秋池、抑园。江苏通州（今属南通市）人。曾任知县、知州、县令等。乾隆十六年（1751）被人诬告罢官。与李鱼单、金农、郑燮等时相往来，而画风也互为影响。主张师法自然，独创门户。自谓“庭前老树是吾师”。绘画不守矩度，尤少大幅。擅长梅、兰、竹、菊、松树及诸小品等。常以诗补隙，古趣盎然。酷爱梅花。所画梅花笔法苍劲老厚，剪裁极其简洁，表现出一种宁折不弯的倔强性格。画竹则重写意，不拘形似。代表作还有《梅花图》、《墨竹图》等。著作有《梅花楼诗钞》。

李鱓（1682 ~？），字宗扬，号复堂，别号懊道人、墨磨人。江苏兴化人。

康熙五十年（1711）中举，因善画而随侍内廷，为画供奉，不久即遭忌离去。继任山东滕县知县，又因触犯上司被罢官，流落扬州，以卖画为生。始终追求独立的人格和个性的表现，画风在不断探索中经过数次变化。早期曾随蒋廷锡、高其佩学画，笔法严谨，合于法度。后受石涛作品的影响，以破笔泼墨作画，风格变得大胆泼辣不拘墨绳，而感情充沛，天趣盎然。喜在画幅上长题满跋，于质实中见空灵，使画面气韵淋漓酣畅。画风被清末批评家指为有“霸悍之气”，“失之于犷”等，最受攻击。代表作有《土墙蝶花图》等。

《渔翁渔妇图》轴。黄慎绘。

《白云松舍图》轴。华岩绘。

《采菱图》。金农绘。

金农（1687 ~ 1764），字寿门，号冬心，别号稽留山民等。浙江仁和（今属杭州市）人。善画梅、兰、竹及人物、佛像、山水、马等。反对泥古不化，陈陈相因。绘画笔墨奇古，构思奇特，构图别致，笔法古拙，令人玩味。画中多诗、书合一。著作有《画竹题记》,《画梅题记》、《冬心集》、《砚铭》、《印跋》等。

《山水图册》。吕焕成绘。

黄慎（1687 ~ 1768）字恭寿、恭懋，号瘿瓢子，别号东海布衣。福建宁化人。家境贫寒，少年丧父。后寄居扬州，学画以谋生计。与郑燮、李鱓往来友善。人物、花鸟、山水、楼台、虫鱼等，无所不能。早年用笔工细，中年以后运用狂草，形成“初视如草稿，寥寥数笔，形模难辨，及离丈余视之，则精神骨力出”的粗犷画风。人物画最具特色，多取材民间，如《丝纶图》、《群乞图》、《渔父图》等。

汪士慎（？ ~ 1759），字近人，号巢林。安徽歙县人，寓居扬州。清贫困顿。工诗书画，尤以画梅花、水仙见长。所画梅花，千花万蕊，管领冷香，俨然灞桥风雪中。晚年双目失明，以手摸索写字作画，亦奇绝。

高翔（1688~1753），字凤冈，号犀堂、西塘，别号山林外臣，扬州人。布衣终身，与石涛友善，以山水画闻名。其山水画师法弘仁之意趣，简淡和石涛之纵恣苍莽，而加以创新，形成清奇高古的风格。代表作有《樊川水榭图》、《弹子阁图》等，著作有《西塘诗钞》。

《镜影水月图》轴。汪士慎绘。

《四库全书》编成

乾隆时代，清王朝进入了所谓的“乾隆盛世”。为了进一步加强思想控制，也为了加强对我国古籍的校勘、整理工作，更为了满足乾隆帝“稽古右文”、“文治久盛”的虚荣心，清政府于乾隆三十七年（1772），向全国各地下诏采集遗书，着手进行《四库全书》的编纂工作。

乾隆三十八年，清政府在北京建立“四库全书馆”，任命纪昀、陆锡熊、孙士毅为总纂官，陆费墀为总校官，下设纂修官、分校官及监造官等共360余人。其中绝大多数是当时的名人学士，如著名的经学大家戴震、史学大师邵晋涵等。另外还征募抄写人员3800余人。一时间，鸿才硕学荟萃一堂，艺林翰海，盛况空前。至乾隆四十六年（1781），第一部《四库全书》抄写完毕，之后又续抄六部，分藏于北京文渊阁、文源阁、沈阳文溯阁、承德文津阁、扬州文汇阁、镇江文宗阁、杭州文澜阁。

《四库全书》的底本，有的是内廷藏书，有的从各省采进，有的是各地官吏和藏书家私人进献，也有的是从明代《永乐大典》中辑出的已散佚的古书。全书收录书目的数量有3461种，约79309卷，36000册。分为经、史、子、

包背装《四库全书》

集四部，乾隆以前中国古代的重要典籍，许多都收载其中，较元以前书籍更为完善。书成后，用四种不同颜色装潢四部书的封面，经部为绿色、史部为红色、子部为蓝色、集部为灰色，取春夏秋冬四季之意。

《四库全书》是我国现存最大的一部官修丛书，它的问世进一步确立了汉学在学术界的主导地位。随着大批汉学家进入四库馆从事校辑典籍工作，在他们的推动下，考据学得到长足的发展。迨四库书成，风气已开，继之学人辈出，蔚为一代大观。考据范围由群经而旁及诸子列史，逐渐形成了独具特色的乾嘉学风。

《四库全书》对我国古典文献的保存与流传起到了积极作用，它打破了我国历代私人藏书珍藏而不流通的陋习。同时，通过辑佚，使许多失传已久的珍籍得以重新面世。因此，《四库全书》的编定，是中国学术文化史上规模空前的一项盛举。

京江画派形成

清朝中期的镇江画坛，受正统画派的影响，也受到隔江而望的扬州诸画风的影响，故而他们的山水画呈现出鲜明的地方特点。其中张崟是最著名的山水画家，从他学画或受他影响的有几十人之多，遍布江南一带，画史称之为“京江画派”或“丹徒派”。

《秋风归牧图》轴。钱沣绘。

张崟（1761～1829），字宝岩，号夕庵，别号且翁，夕道人，晚年又号城东蜇叟、观白居士等，祖籍江西，明嘉靖时迁居镇江。他善于画圣贤、佛像、花草、竹石，尤其擅长于山水，特长于画松。他早年的画学吴门画派；中年又学沈周和宋元画法，受李唐影响很大；晚年则独辟蹊径，

《重岩暮霭图》轴。潘恭寿绘。

博采众家之长，自成一家。据说他经常在闲暇时与朋友到西津和北固亭，每当遇到赏心悦目的山水，整月地不回家，细心揣摩，所以“意兴所至，笔墨纵横”。他的作品章法谨严，工雅而有气度，用笔苍厚沉郁而有古逸之气。他笔下的山石多用细笔密皴，通过山石、云雾的渲染，把松涛、远山和近山连接起来，苍秀浓郁，气象雄奇。他笔下的青松枝干挺拔，松叶繁茂，千错万攒，生气勃勃，富有生命力；他画松不以姿态取胜，亦不追求笔情墨韵、有萧疏之感的文人松树，而是松干挺拔，松针作扇形排列，一笔不苟，浓密不乱，时人谓之“张松”。张崟的传世作品有《黄山图卷》、《秋山红树图轴》、《春流出峡图轴》、《诗龛图卷》、《镇江名胜图》等。

京江画派中另一个比较著名的画家是顾鹤庆，他以画柳著名于世。

《秋林观瀑图》轴。张崟绘。设色淡雅，明净似妆。题“称林观瀑图，仿宋复古（宋迪）”。

《山水册》。潘恭寿绘。

《桂阴凉适图》轴。张崟绘。

高鹗续补《红楼梦》

清乾隆五十六年（1791），经高鹗续补后40回的《红楼梦》120回本出版。

高鹗（约1738～约1815），字兰墅，清代文学家；因酷爱《红楼梦》，别号“红楼外史”；祖籍铁岭（今属辽宁），汉军镶黄旗内务府人，寓居北京。高鹗熟谙经史，热衷仕进，但屡试不第。乾隆六十年中了进士，任过内阁侍读，刑科给事中等官职。他通晓诗词、小说、戏曲、绘画及金石之学，著作如林，但唯有续补《红楼梦》得以传世。也有一说是高鹗与程伟元共同续成《红楼梦》后40回。程伟元（？～约1818），字小泉，苏州人氏，科场失意未能入仕，流寓京师时结识高鹗。乾隆五十六年（1791），高、程二人首次以活字排印出版了120回本《红楼梦》。自此《红楼梦》的版本系统大致有二：一为带脂砚斋批语的80回抄本系统，题名《石头记》，有甲戌本、乙卯本、庚辰本、戚序本等；一为120回印本系统，程、高首次活字排印本称程甲本，次年修订再印的称程乙本。现在通行的是以程乙本为根据的120回印本。

高鹗能根据原书线索，悉心揣摩曹氏的创作意图，在全书的总体构思上一脉相承，把结局处理成悲剧，使《红楼梦》成为一部情节首尾齐全、结构完整的文学巨著。如贾府危机四伏、大祸迭起终至家败人散；黛死钗嫁宝玉出家，爱情婚姻的主线以悲剧告终等等，这些重要情节的发展都能与前80回相呼应，具有一定的艺术感染力。续作中不乏精彩生动的章节，如黛玉焚稿，袭人改嫁等。而最大的败笔则在于写宝玉中举、贾府复兴、“兰桂齐芳”等等，这显然有违原著精神。

《红楼梦》后40回虽然在思想意义、艺术价值和审美情趣等方面都与曹雪芹所作的前80回有着相当的差距，但由于续作能遵循曹氏原著中的隐喻暗示，大体实现了曹氏的悲剧构思，故得以随曹著前80回广泛流传。高鹗的贡献在于使《红楼梦》成为完璧，促进了这部有巨大社会意义的经典之作的传播。

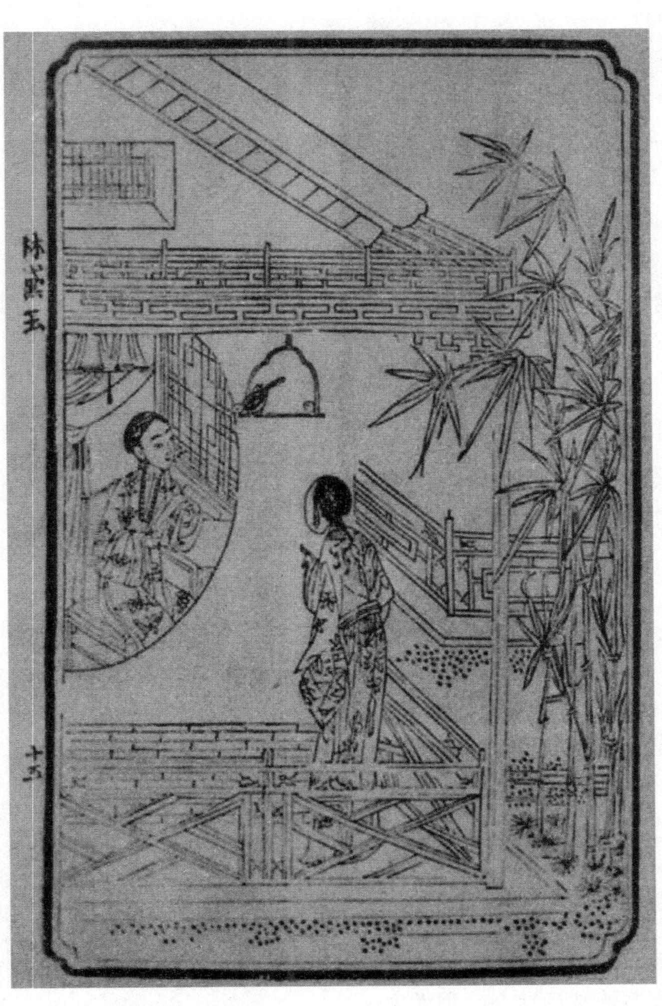

乾隆年间第一次活字排印本《红楼梦》的插图

汪中著《述学》

汪中像

乾隆五十九年(1794),《述学》作者、学者汪中去世。

在皖派汉学兴盛的同时，汪中继承顾炎武、戴震的传统，成为既重训诂也讲实学的乾嘉学术大师。

汪中（1774 ~ 1794），字容甫，江苏江都（今江苏扬州市）人。他生于寒士家庭，14 岁入书肆为学徒，得以“借阅经史百家。于是博综典籍，谙究儒墨”。他目睹官场之腐败，绝意仕途，志于“自立学术”。他曾参加《四库全书》的校订工作，一生著述颇多，最有代表性的是《述学》6 卷。

汪中以继承顾炎武的经世致用之学自许，竭力主张治学要研究有益于民生的有用之学。他还从“志在用世”的治学观点出发，指出古学不可废，因为在古代文献中有许多有关民生之用的资料记载，可借鉴以用世治生。他反对“耗心劳力饰虚词以求悦世人”的空疏无用之学，批评空谈义理性命的理学家。

汪中为荀子作年表，把荀子推崇为孔子儒家学说的真传，是以孔、荀之学代替了孔、孟之学的传统说法，修正了正宗的道统论。他认为经世致用之学才是孔子儒家的真正传统，对晚明空谈心性为主要内容的“讲学”风气提出了批评。

汪中还十分推崇墨子之学，认为墨学是“救衰世之弊”的救世之学。汪中公开尊崇墨学“异端”的思想，旨在恢复先秦学术思想史的原貌，提倡有用之学。

汪中对理学家奉为经典的《大学》一书持怀疑态度。他认为：从《大学》的文字来看，与《礼记》的《坊记》、《表记》、《缁衣》等篇类似，应为七十子后学所记。

桃花坞年画兴盛

明代后期，苏州城内桃花坞和虎丘山塘一带的民间产生了一种由画工和雕版结合而成的年画。桃花坞画铺专用雕版印制；山塘画铺则多以手绘笔描，并有粗笔与细笔之分。清代中叶开始，苏州年画大盛，在江南一带流行。

清咸丰年间，太平军与清军在苏州一带展开激战，山塘画铺多毁于战火，而桃花坞画铺得以幸存，苏州年画遂以版印为主，而手绘年画则渐为不存。版印年画则又以木版水印最为流行。苏州年画遂以桃花坞年画之名为世人所熟知。

桃花坞木版水印年画多套色雕印，画色精丽。一些年画还吸收了欧洲铜版画及透视画法，用细密的排线表现光暗体积，在透视上体现深远广阔的效果。如《苏州万年桥》、《苏州阊门图》、《西湖十景图》等。又多用阳刻套色，线条洗练，善用粉红、粉绿等色彩，典雅庄重，而不失鲜艳亮丽。

桃花坞年画的题材，早期有天官、三星、人物故事以及山水、花草、美人图等。后又增加风俗、历史故事、娃娃、小说戏曲等。不少还以连环画的形式反映江南人民熟悉的故事，如宏碧缘、珍珠塔等。

桃花坞年画画铺可考者有张星聚、张文聚、魏鸿泰、吕云林、陈福顺、墨香斋、春源、季祥吉、柳双合、谢义合、姚正合、王荣兴、陈同盛、吴鸿增、吴太元、鸿云阁等。最盛时年产年画数百万张，行销于大江南北。而年画的作者则多为民间艺人画师，其真名及事迹多已失传。现所知仅落于画上

清中叶苏州年画《百子全图》

的题款如杏涛子（曾画《山塘普济桥》）、墨浪子（曾画《西厢记》）、墨樵主人（曾画美女）、桃溪主人、桃坞主人、松崖主人等。清末名画家吴友如曾为桃花坞年画绘稿，他编印的《点石斋画报》、《吴友如画宝》则为桃花坞画师所借鉴。

清代末年，上海老校场一带已有销售桃花坞年画的店铺，有的也从苏州聘工匠为之刻印，现场售卖。画店老字号有老文仪、吴文艺斋、孙文雅、筠香斋、源兴、赵一大等。

刘墉书法数变

嘉庆九年（1804），书法家刘墉去世。

刘墉（1719 ~ 1804），字崇如，号石庵、青原。山东诸诚人。乾隆十六年（1751）进士。官至翰林院编修、翰林院侍讲，吏、礼、兵部尚书，体仁阁大学士。死后赠太子太保，谥号文清。与翁方纲、梁同书、王文治并称“清四大家”。

刘墉书法颇庞杂，对唐宋诸家无不临习。擅长楷书、行书，也能写榜书和小楷。喜用硬笔短毫，书法丰腴淳厚，落落大度。又因平生多波折，书法亦多变：早年仕途顺畅，书法珠圆玉润；中年受父牵连夺官下狱，威武不屈，书法则笔力雄健；晚年看穿世事，书法亦趋于平淡，而精华蕴蓄，劲气内敛，绵里藏针。有《学书偶成》诗 30 首，阐述其书法理论。

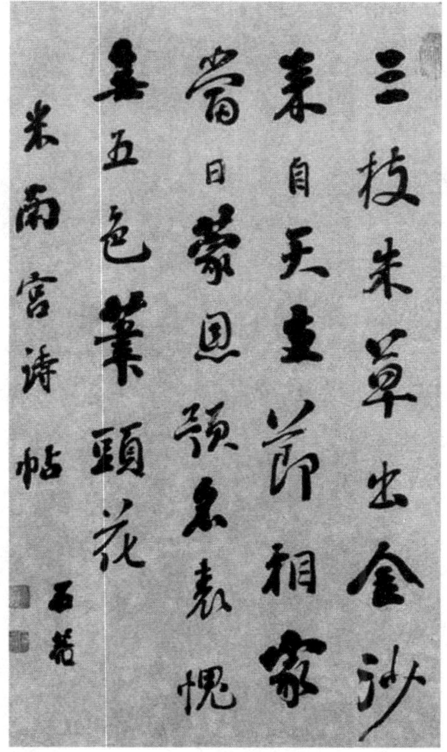

临米芾诗贴（刘墉）

清“梅分五点”绣片，四个字穿插在四枝梅花中，相映成趣。

文房四宝

仕女画兴盛

清朝中后期的人物肖像画主要是仕女图。其中有以古时才女佳话为题材的，也有描写神女仙姑或古今美女等，不一而足。画中仕女都纤瘦柔弱，削肩长颈，垂目低颐，有病态美，符合当时士大夫的审美趣味。画中仕女的情态冷漠伤感，有“愁”、“怨”、“悲”、“凄”、“慵”、“冷”等多种情态。

道咸间出现了一些有成就的仕女画家，最出名的当数改琦和费丹旭，二人并称“改费”。

改琦（1774 ~ 1829），字伯蕴，号香白，又号七芗，别号玉壶外史。回族人，其先祖为新疆人，后迁居松江。改琦工于填词，“工山水、人物，有声苏、松间”。特别长于仕女画，以此名闻于海内。他笔下的仕女，形象纤弱，运笔轻柔，设色清雅。在刻划人物心理状态和经营景物方面极有特点。他创作的《红楼梦图》，共有100多个人物，基本上是一人一图，选择人们最为熟悉的情节，如《宝钗扑蝶》、《晴雯补裘》等，形象娟秀，线条流畅，但大多数人物失之造型雷同，缺乏个性。存世画迹除了《红楼梦图》外，还有《元机诗意图》轴、《执扇仕女图》轴、《文姬归汉图》扇面等等。

费丹旭（1801 ~ 1850），字子苕，号晓楼，浙江乌程（吴兴）人。他年幼时已经工于画美人，年长之后，更加精绝。他是继改琦之后画仕女而名动江左的又一人。主要宗法于崔子忠和华岩，但形成了自己的风格。他的画形象清秀，用笔飘逸，设色轻淡；又长于写真，能以形写神；所画之仕女形象大多秀美颀长，体态婀娜，反映了当时的审美趣味。存世的仕女画代表作有《十二金钗图册》、《秋风纨扇图》轴等。他的儿子费以耕也擅长画仕女图。

竹下仕女图轴（改琦）

秋风纨扇图轴（费丹旭）

《圣经》汉语全译本出版

据《大秦景教流行中国碑颂并序》及《诸经目录》记载，早在唐代景教传入中国之后，就曾着手翻译经书，并译出景教经典30余部。这是最早的圣经汉语译本。元代天主教传教士孟高维诺亦曾汉译新约。不过，这两种译本均未流传下来。

崇德元年(1636)，阳玛诺汉译《圣经直解》出版，主要是四福音书中的经文。清代中前期，白日升、贺清泰均曾汉译新旧约，但未出版。译稿现存不列颠英国博物馆和上海徐家汇天主教图书馆。

19世纪初，英国传教士马礼逊在广州翻译出版圣经。其中新约部分于嘉庆十九年（1814）正式出版；旧约部分与米伶合作，于1819年正式出版。道光三年（1823），新旧约合并出版，名《神天圣书》。这是在中国境内最早出版的《圣经》汉语全译本。随后，麦都思、郭士立分别修订新约部分，并以《新遗诏书》和《救世主耶稣遗诏书》之名出版；后者曾为太平天国所采用。郭士立还修订了旧约部分，以《旧遗诏圣书》之名出版。光绪九年（1883），英、美传教机构在香港成立代表委员会，重译圣经。1885年，译出《圣经全书》，并经留寓香港的著名改良主义者王韬润饰，正式出版，即代表委员会译本。其他各种译本也相继出版，至1877年总计有11种之多，均为文言文译本（所谓“文理”译本、“深文理”译本）。

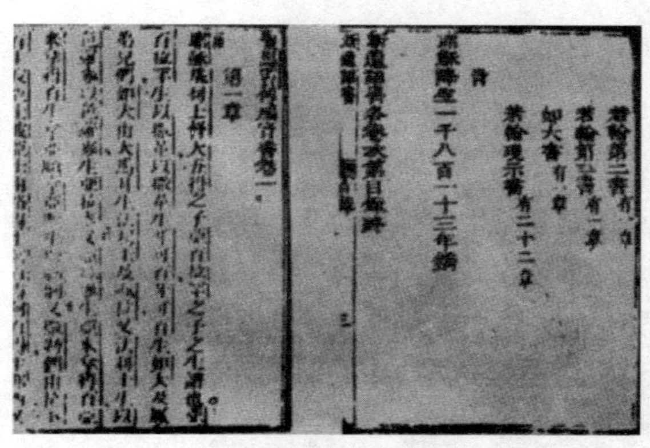

由马礼逊翻译、梁发所刻的仿宋小字本《圣经·新约》内页书影。

稍后，又有浅文理译本（指较为浅显的文言译本）出版。1885年，杨格非出版第一个浅文理新约译本。

1902 年，施约瑟出版浅文理《圣经全书》。

白话文译本，即官话译本，最早由麦都思、施敦力于咸丰七年（1857）将新约译成南京官话出版。同治五年（1866）出版由艾约瑟、丁韪良、施约瑟、包约翰、白汉理等翻译的北京官话新约译本。1874 年，施约翰翻译旧约北京官话译本。光绪四年（1878），出版由两种版本合成的北京官话《圣经全书》。此外，又有各种方言译本，如上海话、福州话、广州话、厦门话、兴化（福建）话、苏州话、客家话、台州话等圣经全书译本相继出版。

《圣经》汉译本的出版对于基督教在华传播有重要推动作用。

李汝珍作《镜花缘》

李汝珍（1763 ~ 1830），字松石，直隶大兴（今北京市）人。曾任河南县丞，博学多才，音韵、星卜、象纬、篆隶杂类，无不涉猎。一生著有《镜花缘》、《李氏音鉴》、《受子谱》等书。

《镜花缘》是他晚年作品，原拟写 200 回，结果只完成 100 回。前 50 回写秀才唐敖和林之洋、多九公三人出海游历各国及唐小山寻父的故事：女皇武则天在严冬乘醉下诏要百花齐放，当时百花仙子不在洞府，众花神不敢违命，只得按期开放。因此，百花仙子同 99 位花神被贬罚到人间。百花仙子投生为秀才唐敖之女唐小山。唐敖仕途不利，与妻兄林之洋到海外经商游览。他们路过几十个国家，见识许多奇风异俗、奇人异事、野草仙花、野岛怪兽，并且结识了由花仙转世的 10 几名德才兼备、美貌妙龄的女子。后 50 回着重表现众女子的才华，回叙被武则天贬谪人世的花仙转生的 100 位才女，应女试及第，赋诗游戏，各显奇才异能。

李汝珍根据《山海经》的材料，通过自己的再创造和丰富的想象、幽默的笔调，运用夸张、隐喻、反衬等手法，描写了各式各样的海外异国，或寄寓社会思想，或讥弹黑暗现实。如君子国是“好让不争”的礼义之邦；白民国中到处是装腔作势、不学无术的学究先生；淑士国的各色人等满口仁义道德、之乎者也，却吝啬酸腐；两面国笑面迎人，本相狰狞，欺诈成风；无肠国刻薄腌臢，为富不仁；穿胸国人心又歪又偏；翼民国酷好奉承；结胸国好吃懒做；

犬封国人长狗头；豕喙国人长猪嘴。极尽讽刺挖苦之能事。

小说着意颂扬女性的才能，充分肯定女子的社会地位，批判男尊女卑、女子无才便是德的传统观念。作者笔下的100位才女，或文采惊人，或医理通深，或精于数学，或胆识过人，或侠肝义胆，无不巾帼奇才。

海上画派形成

没骨花鸟图册（之二）任颐

蔬果花卉图册（之二）赵之谦

清末，从全国各地来上海的画家很多，受上海这座新兴城市的文化氛围的影响，他们讲求变化，敢于创新，生气勃勃，不守成规，打破了嘉、道以来画坛一度沉寂冷落的局面，一时名家辈出，绘画有振兴之势。这一时期居于主流地位的画家，是被称为“海上画派”的画家群体，他们适应新兴市民阶层的需要，以民间喜闻乐见的题材入画，将诗书画印结为一体，创造出清新活泼、雅俗共赏的艺术新风。

从“海上画派”的形成和发展来看，可分为前后两期，前期以赵之谦、“三熊”、“三任”、虚谷为代表，后期则以吴昌硕为代表。

前期的“海上画派”的笔墨和技法，继承明清陈洪绶、上官周以及改琦、费丹旭的人物肖像画的传统，吸收民间绘画和西洋绘画中优秀的表现方法；花鸟画则受到明代陈淳、徐渭、八大山人、石涛以及“扬州八怪”的影响，将大写意水墨花鸟画技艺和强烈的色彩相结合。

前期的“三熊”是指朱熊、张熊、任熊；任熊又与任薰、任颐并称“三任”。朱熊（1801 ~ 1864），字梦泉，浙江嘉兴人。精于篆刻，善画花卉，师法陈淳，风格简逸；张熊（1803 ~ 1886），字子祥，号鸳湖外史，浙江秀水（今嘉兴）人。工书画印，善作花卉，兼画山水人物，花卉纵逸似周之冕，古媚似王武；任熊（1823 ~ 1857），字渭长，号湘浦，浙山萧山人，出身于一个贫苦农家。专长于画人物，也工花鸟、山水。其花鸟主要继承陈洪绶高古谨严的画风，又有自己独特的风貌，结构灵巧、笔力刚劲、勾勒方硬、色彩鲜丽，有装饰味。任薰（1835 ~ 1893），字阜长，又字舜举，浙江萧山人，任熊之弟。画风受其兄影响，擅长花鸟，也工人物。他的花鸟画在构图上，超越前人规范，在用色上尤见浓淡相间的匠心；其人物画画风与其兄相近，笔墨秀劲，装饰味更浓。任颐（1840 ~ 1896），字伯年，号小楼，

花鸟四屏（之一、之二）任薰

少康像 任熊

梅花图轴 吴昌硕

浙江山阴（今绍兴）人。自幼随父学画，后来又师从任熊、任薰，他的画法学陈洪绶、恽寿平、华岩，也借鉴了一些西洋画法，有新的发展，风格变为豪迈纵放。他擅画花鸟，兼工人物，尤精肖像，也能写山水。他的花鸟，生活气息浓郁，笔法多变；他的人物画，以形写神，高妙超迈。赵之谦（1829 ~ 1884），字益甫，号冷君，浙江会稽（今绍兴）人。咸丰举人，历任江西鄱阳、奉新、南城等知县。精于篆刻、书法、绘画，以花卉画成就最高，继承陈淳、徐渭、石涛、八大山人以及“扬州八怪”大写意传统，下笔沉着雄健，气度超迈。他把花卉题材扩大到一些与人民日常生活有关的蔬果之类，雅俗共赏，自然清新。他的作品构图极为饱满，常常布置全幅花卉，却能巧妙运用诗、书、画、印间的相互协调关系，相得益彰，毫无杂乱塞迫之感。虚谷（1824 ~ 1896），俗姓朱，名虚白，字怀仁，号紫阳山民，原籍安徽歙县，家扬州。曾任清军参将，后出家为僧。他擅写花果、动物、山水、肖像。画法从程邃变化而来，喜作枯笔偏锋，尤擅以硬笔作松鼠和金鱼，形态简练夸张，明快挺劲，生动传神。他的画造型质朴稚拙、隽雅、清疏、秀逸，奇峭绝俗，含蓄耐看，是清末画坛上风格最明显的一家。

“海上画派”后期的巨擘是吴昌硕。吴昌硕（1844 ~ 1927），原名俊、俊卿，字昌硕、仓石，别号缶庐、苦铁、大聋等，浙江安吉人。自幼受家庭熏陶，成年后刻意求学，诗、书、篆刻皆精。30 多岁才师从任颐学画，并感悟徐渭、朱耷、赵之谦诸家法，成熟后的作品在题材、风格方面另辟新途，独创局面。吴昌硕喜作梅、竹、松、石、荷花，寓意清高超逸，刚直不阿，继承了文人画的传统。他作画参悟篆法、草书的笔意、篆刻的行笔、运刀及章法体势，形成大气磅礴、颇具金石味的独特画风。他的花卉，线条飞舞交错，笔力雄强，在追求豪迈气度的同时，又讲求笔墨沉稳。他敷色喜用“西洋红”、黄、绿等重色，画面色彩显得浑厚复杂，对比强烈，而又能与墨色有机结合，新鲜活泼中透出凝重的气韵。

龚自珍作《己亥杂诗》

龚自珍从青年时代起就关心现实政治社会的重大问题，不断在内政及时事上提出批判和建议。作为一个主张改革腐朽现状、抵抗帝国主义侵略的近代资产阶级改良主义启蒙思想家，他的思想和态度始终是积极热情的。

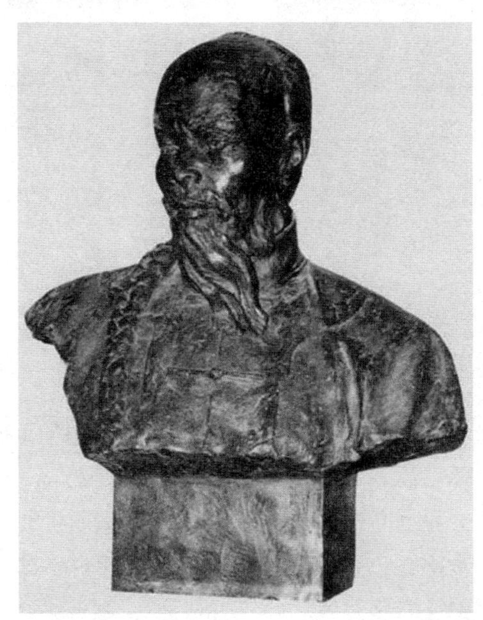

龚自珍塑像

与其思想上的叛逆性相联系，龚自珍的诗文富于创造性。他主张文学必须有用，认为文章、诗歌都与史有源流的关系，诗和史的功用都在于对社会历史进行批评，因此他将自己的诗视为“清议”或“评论”。龚自珍的诗体现了其文学主张，富于现实针对性，绝少单纯写景之作，而是抒发感慨，议论纵横，打破了清中叶以来诗坛吟风弄月、模山范水的沉寂局面。龚诗曾有27卷之多，从15岁编年至47岁。著名的《己亥杂诗》315首作于道光十九年（1839），是龚自珍后期的作品，内容广泛，集中体现了龚诗的思想艺术特色。

龚自珍诗今存的只有600多首，绝大部分是他30岁以后的作品，揭露批

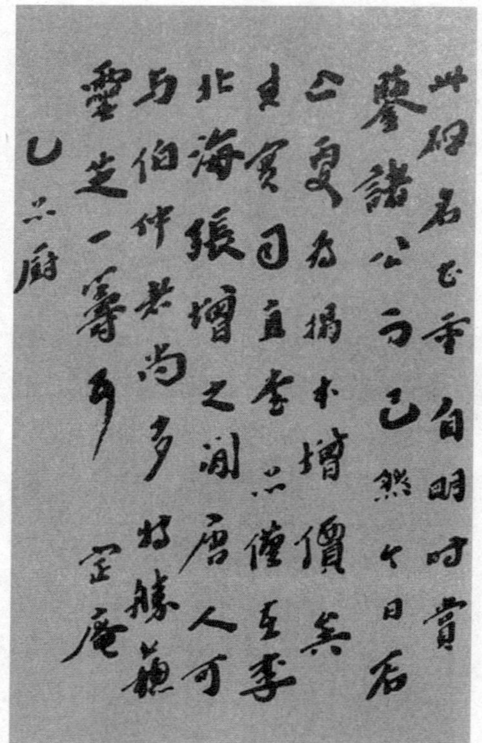
龚自珍墨迹

判黑暗的社会和腐朽的现实政治是龚诗的一个重要内容。作于道光五年（1825）的七律《咏史》在这类“伤时”、“骂座”之作中较具代表性。诗中借咏南朝史事，对当时文人慑服于清廷的高压与笼络相结合的文化政策、苟安庸俗的生存状态抒发感慨：“避席畏闻文字狱，著书都为稻粱谋”，并以田横抗汉的典故，揭露了清王朝对文人仕宦利诱的欺骗性：“田横五百人安在，难道归来尽列侯？”在后来的《己亥杂诗》中，龚自珍更为深广地反映了当时社会的主要矛盾，除了批判外国资本主义对中国的危害和侵略，还揭露了统治阶级的昏庸堕落及对人民血汗的无穷榨取，如：“不论盐铁不筹河，独倚东南涕泪多。国赋三升民一斗，屠牛那不胜栽禾！”

在揭露社会弊端的同时，龚自珍在诗中更多抒发的是一种深沉的忧郁感、孤独感，但诗中时时洋溢着一股豪气。这些诗有着较复杂的思想内涵。在社会矛盾日趋尖锐、国家民族面临危机的新形势下，清王朝及其官僚士流却麻木不仁，依然醉生梦死，对此龚自珍深感忧虑，慨叹“秋气不移堂内燕，夕阳还恋路旁鸦”；“四海变秋气，一室难为春”。在无可奈何的现实环境中，诗人只能在诗中表达壮志未酬的情怀，如“一箫一剑平生意，负尽狂名十五年”（《漫感》）；“少年击剑更吹箫，剑气箫心一例消”。龚自珍常以“剑”和“箫”来寄托个人志向和思想，冲天的剑气和悠渺的箫心反映了他思想上的某种矛盾状态。但他要求变革现实和个性解放的态度始终是积极的，这在《己亥杂诗》中有突出的表现——“九州生气恃风雷，万马齐喑究可哀。我劝天公重抖擞，不拘一格降人才”。

龚自珍诗作在艺术表现方法上别开生面，其最大特点在于将政论、抒情和艺术形象有机结合。在表现手法上，则以丰富奇异的想象、豪迈奔放的气势、冲破约束的精神及瑰丽的文辞见长，明显可见庄子、屈原、李白等浪漫主义作家的影响。在“西池酒罢龙惨语，东海潮来月怒明”，“叱起海红帘底月，西厢花影怒于潮”等句中，由于想象奇特，使可见的景物变得飞动而有生气；《己亥杂诗》中的“落红不是无情物，化作春泥更护花”和《西郊落花歌》中对落花的描写，均有化腐朽为神奇之功，使人从伤感、衰败的景物中看到新生、壮丽的一面。

龚自珍诗的另一特点是形式多样、风格多样。他对古典诗歌的多种传统形式都能自觉运用。在《己亥杂诗》中，他创造性地运用了七绝的形式，轻巧而集中地描绘事物，表达思想感情，成为一种有机的自叙诗，可以作为一首诗来读。

此外，龚诗的语言不拘一格，清奇多采，兼有多种特色。

龚自珍的诗以其思想的深刻性和艺术的独创性表现出崭新的精神面貌，打破了清中叶以来传统文学的腐朽局面，首开近代文学新风气。

宋诗派崛起

鸦片战争前后，在传统诗坛上，宋诗派作为模仿汉魏盛唐的反对派而崛起。

宋诗派的兴起，受乾嘉以来汉学考据学风的盛行的影响。其学诗趋向由前期的宗尚盛唐而转为宗宋，主张学习和模仿杜甫、韩愈、苏轼和黄庭坚。程恩泽（1785 ~ 1837）、祁寯藻（1793 ~ 1866）是这个诗派的早期代表人物，他们都是大官僚和考据家，有汉学根底或糅合汉学与宋学，基本创作倾向是“合学人、诗人之诗二而一之”。

宋诗派学古并不主张机械地拟古，他们吸收了宋人学唐而“力破余地”的艺术创造精神，追求诗歌的独创性。何绍基（1799 ~ 1873）、郑珍（1806 ~ 1864）、莫友芝（1811 ~ 1871）、曾国藩（1811 ~ 1872）是宋诗派的重要作家。何绍基出入于阮元、程恩泽之门，通经史、律算，是近代提倡宋诗的重要作家之一。他著有《使黔草自序》、《东洲草堂诗钞》等，论诗主张“人与文一”、“先学为人”，而后直抒性情，“说自家的话”。作诗不拘一体，随境触发，较为真挚。郑珍以刻炼之笔出以平易面目，成就较大，能“历前人所未历之境，状人所状之状，学杜、韩而非摹仿杜、韩”。其作品有《溪上水碓成》、《屋漏诗》、《望乡图》、《度岁澧州寄山中》等，这些诗用韩愈、孟郊雕刻洗炼的手段，而以白居易的面目出之，形成了自己独特的艺术风格。

莫友芝诗风与郑珍相近，而枯槁乏味，更在郑珍之下，这在其作品《吕隥诗钞》、《吕隥遗诗》中表现较为明显。曾国藩尊尚黄庭坚，但其取径不局限于宋诗，兼及李、杜、元、白等唐诗。

宋诗派的崛起，代表了清代后期诗歌的一大潮流，它区别于“神韵派”和“格调派”，追求诗歌艺术的独创性，尽管缺乏新思想，生活面狭窄，诗歌的现实内容较为贫乏，但毕竟尖锐的阶级矛盾、民族矛盾在他们的诗歌中激起了一些回响，在当时有一定的影响。

二苏二居开创岭南画派

位于五岭之南的广东地区，尽管与中原、江南相距遥远，但文化依旧活跃。清初的正统画派对广东画坛影响甚微，唯有四大名僧中的石涛的绘画远达岭南，受到广东画人的推崇。清代后期，广州被辟为通商口岸。在绘画上，广东也成为“开风气之先”的地方，出现了一批具有创造性的画家。其中著名的有“二苏”、“二居”，他们成为近代“岭南画派”的开创者。

苏六朋、苏长春合称“二苏”。

苏六朋（1798 ~？），字枕琴，号怎道人，别号罗浮道人，广东顺德人。他可称全能画家，善画人物、山水。早期多精细工笔之作，得法于宋、元画家；晚期则专攻写意人物，带有黄慎、徐渭的简笔画风格，亦能以指代笔作指墨画。他的作品题材广泛，除了历史故事和民间传说以外，以描绘现实的作品居多，尤以反映市井平民生活的风俗画最为出名。他笔下的人物神态刻划生动逼真，山水花鸟则浅绛重彩各具特色，代表作有《李白像轴》、《东山报捷图轴》、《停琴听阮图轴》等。苏长春（1814 ~？），字仁山，广东顺德人。一生寄

五羊仙迹图轴。此图是苏长春的代表作品之一，用全焦墨完成，落笔草草，风致宛然。

牡丹双蝶图轴。居廉所作此图充分体现了“居派”的画法特色——花多用粉，于色彩将干未干之际，以没骨法“撞水”、“撞粉”，生意盎然而有神韵。

情书画，伤感怪癖。工于人物山水，兼写花卉。他作画全凭灵感意兴，不迎合时尚，不受传统画法约束，另辟蹊径。他选取的题材大多来自生活，但下笔自然，纵横挥洒，自有出尘脱俗之致。他笔下的人物，多用干笔焦墨作白描，吸收古代石刻造像技法加以变化，苍劲古朴，自然而不板滞；他笔下的山水大胆突破古人的传统，不事皴擦点染，画法近于木刻，表现物象的阴阳向背与质感主要靠线条的丰富变化。

可以说“二苏”发展了中国的绘画技法。他们敢于开拓题材，注重内在情性的抒发，对后来的岭南画派有一定的影响。

“二居”是指居巢和居廉。

居巢（1811 ~ 1865），字梅生，广东番禺人。他以诗词、书法和花鸟画著称于世。他的艺术主张是“不能形似而能神”，重视自然真实。他的画讲求构图章法，能自出新意，敷色轻淡，意境疏朗、澹逸。他将传统的工笔花鸟画法发展成工中带写，以形写神的手法奠定了近代“岭南画派”的基调。居廉（1828 ~ 1909），字士刚，号古泉。他是居巢的从弟，擅长于草虫花卉。他的画用线柔细，轻描淡写，敷色明丽；善用粉，创造了没骨“撞粉”、“撞水”之法，即通过对水和粉用量的人为控制，不着痕迹地获得独特复杂的艺术效果。此法一时为人所重，学习他的人很多，神韵自然、清新活泼的“居派”花鸟画风由此形成，其传人高剑父、高奇峰后来成为“岭南画派”的代表人物。

张穆著《蒙古游牧记》

鸦片战争前后，民族危机加重，史学的研究方向从历史考据逐渐转向经世致用的边疆史地研究。道光二十六年（1846），晚清著名历史地理学家张穆写成《蒙古游牧记》一书。

张穆（1805 ~ 1849），字通风，山西平定人。道光十二年以优贡生考取正白旗官学教习。他十分注意吸收前人的研究成果，喜欢结交学者名士，共同切磋学问。对祁韵士的《西域释地》、《藩部要略》作过详细的校订。对俞正燮的《俄罗斯佐领考》、《俄罗斯事辑》作过深入的研究。道光二十一年，他还从《永乐大典》中画出《元经世大典》西北地图，送给魏源刻入所辑《海国图志》中。这些学术活动与交往，促进了他的研究工作。

《蒙古游牧记》是张穆的代表作。它以蒙古历史上各盟的旗为单位，用史志体，即以方域为骨骼，以史事为血肉，记述了内外蒙古自古代迄于清代道光年间的地理沿革和重大史事。而且自己为之作注。张穆写作此书的目的极为明确，他感到：“内地各行省、府、厅、州、县都有方志，通过方志，可以了解一地的史事，为今所用……独内外蒙古……未有专书。”钦定的《大清一统志》、《清会典》虽然也论及藩部，但是卷帙浩繁，不易流传，学问之人尚且懵其方隅，疲于考索，一般人要了解这方面的情况自然更为困难。因此，张穆在别人的支持下决定填补这一清代方志撰述上的空白。他根据蒙古族以畜牧为主、逐草迁徙的生活特点，以及历来因蒙语难译，无从考证的情况。在编撰此书时，突破了一般方志的窠臼，采取了先记清朝时期蒙古各部及其所属盟、旗，然后再写该部从古代至当世的历史演变、地域沿革，并写出它与历代统一皇朝的密切关系，而尤详于它与清皇朝的密切关系。

在书中，他赞颂祖国领土的辽阔和统一，强调中央对边疆的统属关系。对清初蒙古地区“一命之吏必请于朝，一石之粟必输于官”的地方统属中央政府的局面，大加称赞。在研究方法上，张穆打破了繁琐考据的清规戒律，用很大篇幅考察了古代蒙古与近代蒙古之间的变化，研究了蒙古各盟、旗、部落的分合、成因、相互关系及当时的现实情况，改变了以往写史只谈古不言今的旧作风。这种贯通古今的研究方法，集中体现了张穆面向现实，经世致用的治学思想。

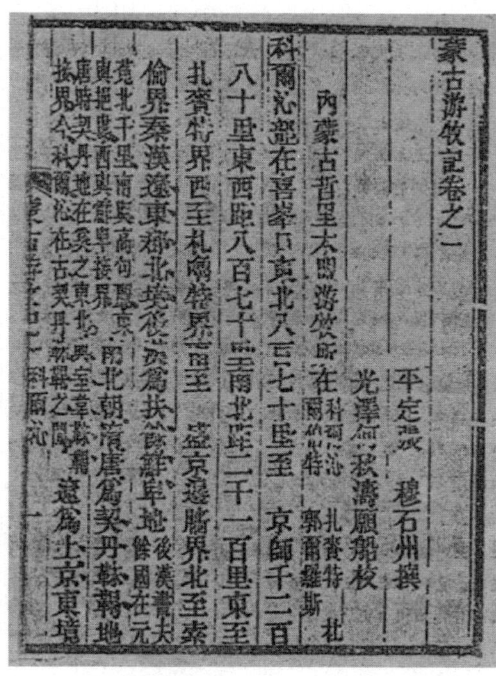
蒙古游牧記卷之一
平定張穆石州撰
光澤何秋濤願船校
內蒙古哲里木盟游牧所在 科爾沁 扎賚特 杜爾伯特 郭爾羅斯
科爾沁部在喜峰口東北八百七十里至京師千二百八十里東西距八百七十里南北距二千一百里東至扎賚特界西至札嚕特界南至盛京邊牆界北至索倫界秦漢遼東郡北境後漢為扶餘鮮卑地後漢書夫餘國在元菟北千里南與高句驪東與挹婁西與鮮卑接界……北朝隋唐為契丹轄地唐時契丹地在奚之東北與室韋靺鞨接界今科爾沁在古契丹靺鞨之間遼為上京東境

《蒙古游牧记》书影

墨海书馆翻译西方科学著作

1847 年，英国人伟烈亚力参加墨海书馆的工作，与中国数学家李善兰、英国人韦廉臣合作，开始翻译西方科技著作。

1843 年，英国基督教新教伦敦会派传教士麦都思在华创办了墨海书馆，地址在上海麦家圈（今福州路南，山东路）。初以英国人艾约瑟为编辑，主要出版宣传教义方面的书籍。英国人伟烈亚力参加书馆的翻译工作后，1849 年又增聘江苏吴县的王韬为编辑，加强出版力量。该馆拥有汉文活字 2 种（相当于现在的 2 号、4 号字大小），为当时上海首家拥有汉文活字的印刷所。此外，尚有英文大小活字 7 种，制泥版、铸铅版及使用牛力转动的铁制印刷机床等设备。至 1863 年，该馆停办。从咸丰二年（1852）到咸丰九年（1859），墨海书馆一共译印了 9 种科技图书。因其印刷机器曾经用一牛旋转轮轴，所以当时有人将其写进诗中：“车翻墨海转轮圆，百种奇编宇内传。忙杀老牛浑未解，不耕禾陇耕书田。”墨海书馆是外国资本在中国开设的第一家编译出版机构，它首次将西方近代印刷机器和印刷技术传入中国，在当时有一定影响。

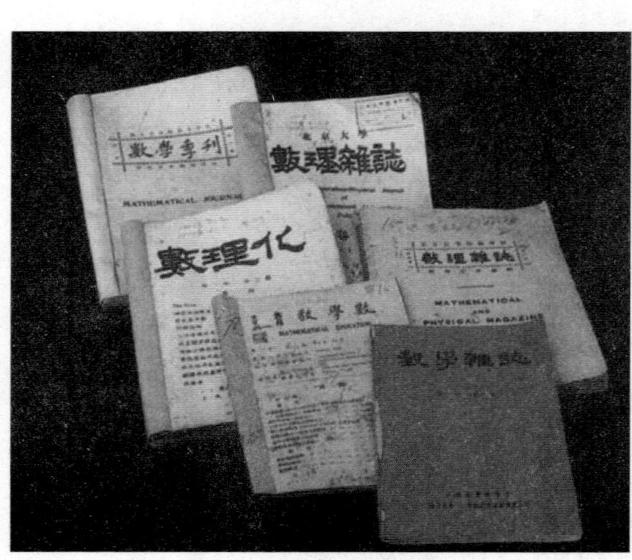

中国早期数学刊物

墨海书馆翻译出版的科技书籍主要有《几何原本》后 9 卷（李善兰与伟烈亚力合译，前 6 卷由明代的徐光启和利玛窦译出）、《重学》（即力学）20 卷（艾约瑟与李善兰合译）、《代微积拾级》18 卷（李善兰与伟烈亚力合译）、《植物学》8 卷（李善兰与韦廉臣合译）、《代数学》13 卷（李善兰与伟烈亚力合译）等西方名著。此外，《谈天》、《大美联邦志略》、英国医生合信的《博物新编》等也由该馆翻译出版。1857 年，该馆还创办出版了《六合丛谈》月刊，伟烈亚力任主编，次年迁往日本出版。

墨海书馆翻译出版的西方科技著作，对 19 世纪中叶的中国引进、吸收、传播西文科技文化知识起了较大的作用，在中国出版史上有一定的地位。

《华氏琵琶谱》编成

清代以前，琵琶艺术在我国已经过大约 1200 年的发展过程，出现了一些独奏乐曲，但还没有曲谱刊刻。清初，琵琶艺术进入了新的繁荣时期，演奏水平提高，曲目增多，文人中出现了一批琵琶艺术家，并初步形成流派。更重要的是这时出现了琵琶乐谱刊刻本《华氏琵琶谱》。

《华氏琵琶谱》是乾隆至咸丰年间琵琶艺术家华子同、华秋蘋兄弟和裘晋声等 9 人编订的琵琶曲谱，本名《琵琶谱》，后改名为《南北二派秘本琵琶谱真传》，简称《华氏琵琶谱》。华秋蘋名文彬，字伯雅，江苏无锡人。他精于琵琶，又擅长琴艺和昆曲，多才多艺，被尊为无锡派琵琶宗师。

《华氏琵琶谱》分 3 卷，卷上收北派王君锡传谱 14 曲，包括大曲《十面埋伏》；卷中收南派陈牧夫传谱 49 首；卷下收陈牧夫传谱 5 首，均为大曲，有《将军令》、《霸王卸甲》、《海青拿鹤》、《月儿高》、《普庵咒》5 曲。这些大曲至今仍然广为流传，具有极高的艺术价值。在《华氏琵琶谱》的编订过程中，华子同四处收集南北各派曲谱，并加以修订整理，而华秋蘋的主要贡献则在辑录指法、确立符号和审订方面。比起较早的一素子手写本《琵琶谱》（乾隆二十七年，1762），《华氏琵琶谱》指法符号更为清楚明确，解释用语也具体生动。

《华氏琵琶谱》对于琵琶指法、谱式的确立，对于琵琶艺术的发展、琵琶艺术社会地位的提高都产生了重要作用，为后世所尊奉，直至今日仍受到重视。

五福图轴。此图为居巢中年之作品，构图新颖，寓意深长，有浓厚的乡土气息和广东民间特点。

“黄奚汤戴”四大家画山水

清代后期的山水画成就不大，尽管流派很多，但大多是娄东、虞山画派的延续，尽管也有一些力图摆脱“四王”的影响、稍有创意的，但整体上成就不及前期。黄易、奚冈、汤贻汾、戴熙是后期山水画家中比较著名的。

黄易（1744 ~ 1802），字大易，号小松，又号秋盦，浙江仁和人。官至山东济宁同知。他主要以篆刻名世，擅长于画山水、花卉。他的山水画师法于宋代董源、巨然，讲求以淡墨简写取山川之神韵，还能以金石、书法的拙朴趣味入画，整个风格冷逸幽隽，松秀清淡。他属于“娄东”派，但清人钱泳所著《履园画学》又说他是“入李檀园（流芳）、查梅壑（士标）一派”。他的存世作品有《岱麓访碑图册》、《嵩洛访碑图册》、《诗碑图册》等。

岩居秋爽图轴（奚冈）

奚冈（1746 ~ 1803），字纯章，号铁生，又号蒙道士、蒙泉外史等，安徽黟县人。他以诗画印名世，善于画山水、人物、花卉。他的山水画主要是学董其昌和恽寿平两家，又曾留意于黄公望和倪瓒，晚年又学李流芳，其作品于严谨中见清逸洒脱，笔墨苍秀。他在当时影响很大，

忆松图卷（戴熙）

诗画卷（黄易）

很多人模仿他，声名甚至传到琉球、日本。他的存世作品有《仿黄子久浮岚暖翠图轴》、《南屏秋霭图轴》、《蕉林学书图卷》等。

汤贻汾（1778 ~ 1853），字若仪，号雨生，江苏武进人。他才气横溢，对天文、地理、百家之学无不研习；诗文、书画、吹箫、弹琴、击剑也无不精能。他擅长于山水，也能画墨梅、花卉，早年师董其昌，后来游历真山真水之后，方懂得学画须师法自然，自谓："到眼云烟且静看，师人不若能师物。"他的画面目疏秀，老笔纷披，淡皴干擦，枯中见润，但略嫌境界细碎，无浑沦古厚之气。现存世作品有《秋坪闲话图轴》、《山水册》、《小竹里馆图卷》等。他另著有《画鉴析览》。

戴熙（1801 ~ 1860），字醇士，号榆庵、莼溪、松屏，自称井东居士、鹿床居士等，浙江钱塘人，官至兵部侍郎，并以画供奉内廷。他善画山水，也能画竹石等。他的画主要学王翚、王原祁，能够集"四王"派之长，再兼习宋元明许多大家的画法，自成一体。他的山水丘壑变化较多，秀丽中见工稳，多施擦笔，并以湿墨渲染；缺点是落笔稍嫌板滞，缺少灵动之气。他的存世作品有《仿王叔明秋山晴爽卷》、《西泠读画图卷》、《云山图轴》等，还著有《习苦斋诗文集》、《习苦斋画絮》。

云岚烟翠图轴（戴熙）

任颐人物画出神入化

任颐（1840 ~ 1895），原名润，字伯年，号小楼，后更名颐，浙江山阴（今属绍兴市）人。任颐幼年随父学画人物肖像；后又到宁波随任薰学画；寓居上海30年，以卖画为生，为上海画派的主将。与任熊、任薰、任预并称为“晚清四任”。

任颐最负盛名的是人物画。他的人物画植根于江浙一带浓厚的民间艺术；寓居上海期间，又吸取了西洋画的有益成分，中西结合，出神入化。

任颐善于捕捉人物瞬间的神情动态，于细微处着墨。其人物画取材广泛，既有历史、神话故事和民间传说，也有直接反映现实生活的作品。代表作有《三友图》、《沙馥小像》、《仲英小像》等。《群仙祝寿图》以12幅屏条组成一个巨幅，人物众多，形象生动，构思奇妙，是公认的珍品。任颐的人物画被誉为“曾波臣后第一手”，徐悲鸿则称其为“仇十洲（英）后中国画家第一人”。

任颐的花鸟画和山水画也很有名，他运用工笔、写意、勾勒、没骨、设色、水墨等均自如无比，而运用淡墨，尤有独到之处。他的写意画中掺和着水彩画法，新意迭出，明快温馨，清新活泼。他的山水画也别具丘壑，气象万千。任颐亦善塑像，他用宜兴土塑制的父亲像“状至入神”。他制作的茗壶酒瓶及各种器皿造型新颖别致，为人喜爱。

任颐生活的时代，国难当头，民族危机深重。江浙一带，尤其是上海，更是帝国主义横行霸道之地。任伯年耳濡目染，表现在他的画中，就是多针砭寄情之作，如《苏武牧羊》、《钟馗》、《关河一望萧索》、《送炭》、《女娲炼石》、《树荫观刀》等作品。《苏武牧羊图》上题有“身居十里洋场，无异置身异域”，是近代知识分子爱国情感的真实写照。

任颐的《苏式牧羊》

京师梨园出现新气象·京剧形成

清代《升平署扮相谱》中《取荥阳》的项羽扮相

女蟒

清同治、光绪年间，京剧形成于北京。京剧的前身是徽剧，通称皮簧戏。徽剧进京后，吸收其他地方戏的优点，在艺术形式上进行革新，形成一个崭新的剧种——京剧。京剧在近百年间遍及全国，成为中国影响最大、最有代表性的戏曲剧种。

京剧由皮簧戏演变而来，大致经历了两次合流：秦徽合流与徽汉合流。乾隆年间，徽班进京，以唱二簧调为主，兼唱昆腔、吹腔等各个腔调，很快压倒秦腔。秦腔班的演员有些加入徽班，形成徽、秦两腔合作的局面。徽班在徽调的基础上吸收京秦两腔，在京师取得了主导地位。作为一个剧种的二簧调开始取代昆曲，独尊剧坛，风行一时，成为京剧形成的最早萌芽。道光年间，湖北演员王洪贵、李六、余三胜等入京，使湖北的西皮调与安徽的二簧调第二次合流。湖北的西皮调与北京的二簧调结合以后，经过一段时间的发展，京师梨园出现一番新的气象，领班的主要演员的行当有了改变，其主要演员由旦角变为生角，演出的剧目改以老生为主，且都是唱功戏和唱做并重的戏。名重一时的“同光十三绝”皆为同治至光绪初期活跃在舞台上和观众心目中的各行名角。光绪、宣统年间，北京皮簧班到上海演出，以悦耳动听的京调取胜安徽皮簧班，人称“京戏”。“京戏”一名，遂由上海传至北京。

故宫重华宫漱芳斋室内小戏台（观雅存）

在改革皮簧戏，由皮簧戏过渡到京剧的过程中，起了重要作用的演员有程长庚、张二奎、余三胜，被人们赞为“三鼎甲”、“老生三杰”。程以声情并茂取胜，张以直率奔放独树一帜，余则以曲调优美深受欢迎。三人在唱念上各带乡音，形成徽（程）、京（张）、汉（余）三大流派。对皮簧戏进行全面改革的人物首推谭鑫培和王瑶卿。谭鑫培对皮簧戏的最大影响，在于他统一了当时舞台上所使用的字音。光绪中叶，他采用以湖广音夹京音读中州韵的方法，形成一种念法，以后逐步予以规范化，成为京剧字音的标准。王瑶卿的贡献在于他为京剧旦角的表演方法开辟了新的道路。他把青衣、花旦、刀马旦、闺门旦的各种表演艺术糅在一起，大大丰富了旦角的表演艺术。京剧四大名旦都经他亲自传授，通过他的后辈演员，京剧艺术形成百花齐放的大好局面。

颐和园德和园戏楼

故宫宁寿宫阅是楼大戏台（畅音阁）

京剧的艺术特点从其剧目、声韵、

大龙蟒

场面、行当、妆扮几个方面体现出来。京剧的剧目非常丰富，不但有二簧、西皮、吹腔、四平调、拨子等属于二簧系统的剧目，还有昆腔、高腔、秦腔、罗罗腔、柳枝腔、银纽丝调以及民间小调等声腔的剧目。京剧的声韵采用以湖广音为基础读中州韵，现代京剧有逐渐向普通话音靠拢的趋势。京剧的场面按乐器的性能，分为文场和武场。文场中有弦乐器胡琴、京二胡；弹拨乐器乐琴、弦子；吹管乐器笛子、唢呐、海笛和笙。武场以鼓板为主，大锣、小锣次之，合文场的胡琴、月琴、三弦，称六场通透。京剧的行当分为生、旦、净、末、丑、副、外、武、杂、流十行。各个行当都有一套表演程式，在唱念做打的技艺上各具特色。京剧的妆扮很有特色。京剧服装原皮簧班四箱的旧例发展为六箱，文服蟒、帔、官衣等入大衣箱；武服大靠、箭衣等入二衣箱；彩裤、水衣等入三衣箱；巾帽、髯口、翎尾入盔头箱；刀枪把子入把子箱；旗帜、帐帔等入旗包箱。京剧服装式样和色彩均丰富多彩。京剧的脸谱是历代艺人长期以来创造的一种富有装饰性和夸张性的人物造型艺术，它以各种鲜明对比的色彩和各具规则的图案，显示人物的性格。色彩斑斓的京剧脸谱已成为中国戏曲的象征。

京剧舞台艺术在文学、表演、音乐、唱腔、锣鼓、化妆、脸谱各方面，构成了一套相互制约、相得益彰的格律化和规范化的程式。京剧表演要求精致细腻，唱腔上要求悠扬委婉、声情并茂；武戏也不以火爆勇猛取胜，宫廷气息比较浓重，纯朴、粗犷的风格相对减弱。它的表演艺术趋于虚实结合的表现手法，最大限度地超脱了舞台空间和时间的限制，表现生活的领域宽，塑造的人物也多，创造舞台形象的艺术手段也更丰富。

京剧形成之初便进入宫廷，在皇室的提倡下得到迅速发展。京剧艺术在历代名家的努力下更臻完美，形成了不同于地方剧种的艺术特色。近百年来，京剧遍及全国，成为中国最有影响的戏曲剧种。

伶界“同光十三绝”扬名京师

同光十三绝是清同治、光绪年间13名昆曲、京剧著名演员的合称。以光绪年间画师沈容圃所绘彩色剧装写真画而得名。这13名演员是：程长庚（饰《群英会》鲁肃）、卢胜奎（饰《空城计》诸葛亮）、张胜奎（饰《一捧雪》莫成）、杨月楼（饰《四郎探母》杨延辉）、谭鑫培（饰《恶虎村》黄天霸）、徐小香（饰《群英会》周瑜）、梅巧玲（饰《雁门关》萧太后）、时小福（饰《桑园会》罗敷）、余紫云（饰《彩楼配》王宝钏）、朱莲芬（饰昆曲《玉簪记》陈妙常）、郝兰田（饰《行路训子》康氏）、杨鸣玉（饰昆曲《思志诚》闵天亮）和刘赶三（饰《探亲家》乡下妈妈）。

这13名演员在当时驰名京师，其中程长庚、卢胜奎、谭鑫培等尤为突出。这3人曾一度共事，一起为发展我国的京剧事业作出过重大的贡献。

程长庚（1811 ~ 1880）名椿，字玉山（一作玉珊），一名闻瀚，堂号四箴，安徽潜山人。祖居徽调石牌腔之发源地怀宁石牌镇。他幼入徽班坐科，后随父北上，经保定入京，以主演《文昭关》、《战长沙》显露头角。从道光、咸丰至同治年间，长期主持三庆班并任主要演员。他继承了徽班兼容并蓄的传统，冶徽调、汉调和昆腔等多种声腔于一炉，为京剧艺术的形成发挥了重

“同光十三绝”。自左至右：郝兰田、张胜奎、梅巧玲、刘赶三、余紫云、程长庚、徐小香、时小福、杨鸣玉、卢胜奎、朱莲芬、谭鑫培、杨月楼。

要作用。有“徽班领袖，京剧鼻祖”之称。

卢胜奎（1822 ~ 1890）外号“卢台子”，江西（一说安徽）人，文士出身。因爱好看戏，加入程长庚主持的三庆班，并深受程的器重。他唱功稳定淳朴，以念白与做功见长。尤善扮诸葛亮，被誉为“活孔明”。善编剧，三庆班所演本戏多出其手。所著不少优秀剧目，仍流传至今。

谭鑫培（1847 ~ 1917）本名金福，堂号英秀。湖北江夏（今武昌）人。幼年随父到北京习艺，学老生。入三庆班后，演武生兼武丑。为班主程长庚所器重，收为义子，并让他兼武行头目。早年常与卢胜奎配戏，受卢影响颇多。清光绪六年（1880）程长庚去世后，谭脱离三庆班。后来自组同春班。他博采众长，对老生唱腔进行改革，创造了细腻婉转的新腔，自成一派，人称“谭腔”。1900 年后，其演技更加成熟，每一演出必产生轰动，人以“伶界大王”称之。

《三侠五义》流行

御用器皿

光绪五年（1879），侠义小说《三侠五义》首刊。

清朝末年，封建统治朝不保夕，一些清官审案断狱需要一些侠客义士从旁相助。适应这一时代特点，侠义小说随之繁荣，石玉昆的《三侠五义》最具代表性。

石玉昆（1810 ~ 1871），字振之，天津人，咸丰、同治年间著名的说书艺人，早年说唱《龙图公案》。光绪年间，问竹主人对之加以修改润色，更名为《忠烈侠义传》，又名《三侠五义》。

《三侠五义》是叙述北宋包拯审案断狱、保境安民，以及侠客义士帮助官府除暴安良、行侠仗义的故事，总共 120 回。前 70 回，主要写包公断各种奇案冤狱以及锄庞昱、葛登云和为李太后伸冤等故事，其中穿插南侠展昭被封“御猫”，五鼠闹东京事。后50回，写颜昚敏在众侠客义士协助下，除马朝贤、马强、襄阳王赵玉等诛强锄暴的故事。

小说中的包拯形象，多取材于民间传说，并加以虚构，使包拯不畏强暴、刚正嫉恶、处事干练的形象更为饱满。小说中大量勇侠，或除暴安良，或为国立功，形象都十分鲜明。小说把侠客义士的除暴安良行为，同保护官大臣、为国立功结合起来，表现了宣扬忠义和维护统治秩序的思想。

在表达艺术上，《三侠五义》继承了宋元以来说话艺术的明快、生动、口语化的语言特点，构思精细，故事中套故事，情节曲折生动，人物个性突出，形象鲜明。

《三侠五义》是侠义公案小说的代表作，影响十分广泛。

御用器皿

吴昌硕画花卉

吴昌硕是晚清著名的绘画大师。他自幼受到家庭熏陶，成年后刻意求学，30多岁方从任颐学画。在任颐的指点下，他博采众家之长，终于在绘画史上独树一帜，成为近代最杰出的写意花卉大师。

吴昌硕像

吴昌硕爱画梅、菊、兰、竹、牡丹、水仙等，寓意清高超逸、章法结构突兀，左右互相穿插交叉，紧密而得对角之势。吴昌硕作画参悟篆法、草书的笔意，篆刻的行笔、运刀及章法体势，促成大气磅礴、颇具金石味的独特画风。比如画梅即脱胎于篆隶之法，所谓“蝌蚪老苔隶枝干”；写葡萄、紫藤则有狂草的奔放笔致，所谓“草书作葡萄，动笔走蛟龙”。敷色方面，吴昌硕打破明清以来文人写意画的陈旧格调，喜用西洋红，有时画花就大胆地把这种红色（或大红）堆上去；画叶子又用很浓的绿、黄及焦墨，这正是吸取了民间画用色的特点，画面上的色彩浑厚复杂，对比强烈，而又显得凝重含蓄，冲突中有和谐。吴昌硕的存世作品很多，例如《葡萄葫芦图》、《紫藤轴》、《水仙天竹轴》、《秋菊延年图轴》、《桃实图轴》、《墨荷图轴》等等。

吴昌硕所题“西泠印社”

吴昌硕的葫芦图轴和荷花图轴

吴昌硕的桃实图轴

《海上花列传》发表

光绪十八年（1892），小说《海上花列传》在文艺杂志《海上奇书》连载。

《海上花列传》又称《绘图青楼宝鉴》或《绘图海上青楼奇缘》，是一部近代狭邪小说。全书共64回，1894年出版单行本，作者花也怜侬，即韩邦庆。韩邦庆（1856～1894），字子云，号太仙，江苏华亭（今上海市松江县）人。曾任上海《申报》编辑，所得稿酬均挥霍在烟花青楼里。除《海上花列传》外，他还著有文言小说集《太仙漫稿》。

《海上花列传》是一部以娼妓为题材的长篇小说。小说以赵朴斋、赵二宝兄妹为线索，描写他们从农村来到上海后，为生活所迫以致堕落的故事。赵朴斋因沉迷于青楼，最后落魄到靠拉车为生；妹妹二宝则沦为妓女，虽红

清末上海妓女"十美图"

极一时，终遭人遗弃。书中写了当时上海各类嫖客和娼妓的生活，较真实地反映出官僚、地主、商人、买办流氓等人的狎妓生活及妓女的悲惨遭遇。同时，也涉及到了官场和商界，部分反映出半殖民地社会的面貌。

《海上花列传》是我国第一部方言小说，书中对话全用吴语（苏州话）。小说中用了“穿插”、“藏闪”等写作技巧，描写的人物性格各异，形象逼真，对话生动传神，比较接近现实生活，故有“平淡而近自然”的评说。

谭嗣同著《仁学》

光绪二十三年（1897），谭嗣同著成《仁学》一书。

谭嗣同字复生，号壮飞，湖南浏阳人。他厌弃科举，赞赏龚自珍、魏源以及黄宗羲、王夫之等人的著作，也曾接触一部分西学知识。甲午战争后，他追随康有为积极从事变法维新运动，与梁启超、唐才常等人在湖南组织“南学会”，开展反对旧学、提倡新学和筹划新政等变法维新的宣传和组织活动。戊戌政变中，谭嗣同是惨遭杀害的“六君子”之一，他是中国近代史上杰出的爱国者和进步的思想家。

谭嗣同像

《仁学》是谭嗣同在哲学思想上的代表作，反映了他在由旧学转变为新学过程中新旧思想之芜杂和矛盾的交织。

首先，表现在哲学的世界观上，他有继承中国古代唯物主义思想传统的一面。在传统的“道器论”上，他发挥了王夫之的“道不离器”的唯物主义命题。他反对先天不变的思想，从而为变法维新提供了理论依据。他借用“以太”

图为时务学堂的部分教员（左二为谭嗣同）

这一近代科学的物质假说，说明物质是由“原质”构成的。他借助光、声、电以至人体生理学等西方近代自然科学知识来解释自然现象，从而表现出明显的机械唯物论的倾向。但是，在宇宙本原问题上，谭嗣同又提出“仁”为宇宙本原，“以太”和“仁”的关系，则是体用一致的关系；“以太”为“仁之体”，“仁”为“以太之用”；同时又认为“以太”和“仁”一样，是一种精神性的实体，相当于宗教的“灵魂”，精神性的“心力”。从“以太”到“仁”到“心力”，反映了他在世界观方面的动摇性。

其次在认识论方面，他既承认认识来源于客观实体，感官接触是人们认识的出发点；但又怀疑一般感性认识的可靠而夸大感性认识的相对性，于是由相对主义的怀疑论走向了神秘主义的“顿悟”论。

第三，在谭嗣同自相矛盾的思想体系中，既包含“日新”说的辨证法思想，还含有形而上学循环论的成分。他继承了王夫之“天地之化日新”的辨证发展观，把“日新”说看成是事物发展的普遍规律。他说：“天不新，何以生？地不新，何以运行？日月不新，何以光明？……以太不新，三界

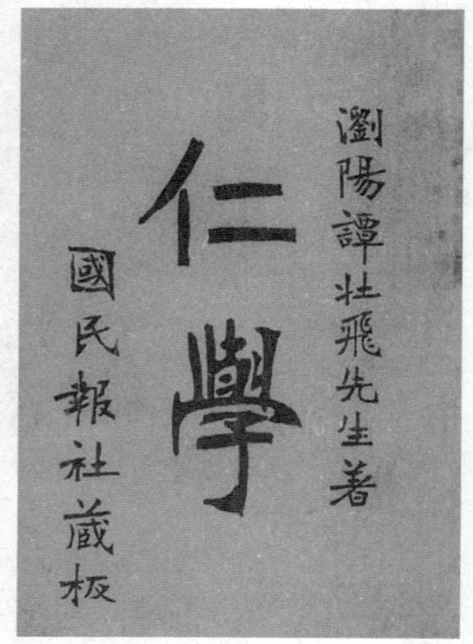

《仁学》

万法皆灭矣。"谭嗣同还进而从理论上论证了"日新"的动力，在于"以太之动机"，即物质内在的自我运动。

此外，谭嗣同还运用"日新"说以论证社会法制也不是僵化不变的，而是要随着时代的变化而不断变化发展。他明确提出"汉唐无今日之道，今日无他年之道"，为变法维新运动提供理论根据。

谭嗣同《仁学》中的思想矛盾，既说明他为了寻求救国救民的真理而表现出来的勇敢精神，又反映了他作为当时先进知识分子在思想上的局限性。

严复引进西方思想

19 世纪末叶，一批先进的知识分子为了拯救民族危机，纷纷把目光转向西方，寻求救国救民的真理。严复是最早比较系统地把欧洲资产阶级的自然科学理论和哲学、政治经济学、政治学、社会学等知识介绍到中国来的启蒙思想家。

严复像

严复（1854 ~ 1921），字又陵，福建侯官人，清光绪三年（1877）留学英国，在学习海军驾驶技术的同时，广泛接触和研究了西方资产阶级的自然和社会科学学说。回国后长期在北洋水师任职。甲午战争的失败，使他看清了洋务运动并不能拯救中国，因此投身到资产阶级改良派的维新变法运动。1895 年，他在天津的《直报》上发表了《论世变之亟》、《原强》、《救亡决论》等重要文章；1897 年与夏曾佑等一起创办《国闻报》；1898 年出版了他所翻译的赫胥黎的《天演论》。戊戌政变后，他译有亚当·斯密《原富》、斯宾塞《群学肄言》、约翰·穆勒的《群己权界论》、孟德斯鸠的《法意》

严复为《天演论写的序言手稿》

等书。他从西方搬来了进化论、经济学、社会学、法学、政治学、逻辑学等知识，在政治上成为当时中国资产阶级要求摆脱民族危机、进行社会改革的理论根据，同时也促进了中国资产阶级意识形态的形成和发展。

严复所介绍的西方资产阶级思想主要有下列几个方面：

一、宣扬西方的进化论。达尔文主义在于论证“物竞天择，适者生存”的自然规律，它对欧洲宗教神学和封建反动的“目的论”进行了沉重打击。严复作为把达尔文的进化论系统地介绍到中国的第一人，以进化论为武器，观察、认识、分析中国的历史和现状，进而提出“变法图强”的政治主张。

福州阳岐严复出生地

二、宣传西方的科学与民主精神。严复认为西方资本主义国家之所以国富民强，就是有着科学与民主这两面大旗。他主张要破除一切神学和迷信，弘扬真理，崇尚科学；反对君主专制，提倡西方资产阶级的民主、自由、平等、博爱。

三、介绍和宣传资产阶级的“天赋人权”说。他认为人们的自由权利是天赋的，是神圣不可侵犯的；人民是国家的主人，国家是人民为保卫自己的权利和自由而结成的社会契约关系，如果统治者违背了这种契约关系，人民有权起来推翻它。

在此基础上，他进一步提出：中国要由弱变强，必须实行君主立宪制；要在中国实现君主立宪制必须“鼓民力”、“开民智”、“新民德”、“兴教育”。

四、提倡西方资产阶级新文化。他在《论世变之亟》中具体指出了西学和中学的 8 大区别，通过比较，他认为西学优于中学。

严复把西方近代先进的思想文化成果介绍给国人，在当时起到了振聋发聩的思想解放作用，为维新变法运动提供了理论武器。

商务印书馆开始出版业务

光绪二十八年（1902），张元济进入上海商务印书馆，改变该馆业务范围，从印刷业走向出版业。

商务印书馆成立于清光绪二十三年（1897），为夏瑞芳、高凤池、鲍咸恩等人创办，初期主要从事商业簿册报表之印刷业务。1905 年与日商合股，改组为股份有限公司。印刷出版的范围更加广泛，遍及大、中、小学教科书、自然科学、社会科学、应用技术、工具书、儿童读物、古籍、文学艺术等书籍，并且发行期刊。影响越来越大，在香港、新加坡等地设有分馆。

1932 年"一・二八"事变中，该馆大部分遭日军炮火焚毁，后部分恢复。1954 年，总馆迁址北京。根据国家规定的出版方针，商务印书馆的主要任务为编译出版世界哲学、社会科学方面的古典学术著作，介绍各国当代的社会、哲学、政治、经济、历史、地理各学科各流派的代表性著作及知识读物等。作为中国近代出版事业中历史最悠久的出版机构，商务印书馆自开馆以来，出版印行各种图书 2 万多种，受到中外学者的普遍赞誉。在继承、发展和传播中国传统文化及介绍新知识方面作出了重要的贡献。

《官场现形记》连载

光绪二十九年（1903）至光绪三十一年（1905），《官场现形记》在《世界繁华报》上连载。

《官场现形记》是晚清四大谴责小说之一。作者李宝嘉（1867 ～ 1906）是晚清小说家，又名宝凯，字伯元，江苏武进（今江苏常州所属）人。

作品以官场为描写对象，揭露各种官僚的"龌龊卑鄙"、"昏聩糊涂"，

清代官员

集中暴露晚清官场的污浊，吏治的败坏和统治集团的腐朽。

作品涉及的大大小小的官僚们，为了升官发财，蝇营狗苟，迎合、钻营、蒙混、罗掘、倾轧，极尽卑污苟贱之能事。他们对帝国主义奴颜卑膝，丧权辱国。反映出近代中国半封建、半殖民地社会的黑暗现实，并触及了近代社会的主要矛盾，包括人民大众和封建主义的矛盾，中华民族和帝国主义的矛盾。

《官场现形记》的问世，提高了人们对腐朽不堪的清王朝的认识。由这部小说起，逐渐形成了晚清谴责小说的高潮，描写他界如商界、学界、女界等“现形”之书也陆续出版。

刘鹗作《老残游记》

光绪二十九年（1903），刘鹗的小说《老残游记》在半月刊《绣像小说》上发表。刘鹗（1857 ~ 1909），近代小说家，字铁云，别署洪都百炼生。江苏丹徒（今镇江市）人。出身官僚家庭。刘鹗不喜欢科场文字，致力于数学、医学、水利等实际学问，纵览百家。

《老残游记》是刘鹗的代表作，晚清的四大谴责小说之一。小说写一个被称为老残的江湖医生在游历中的见闻和作为。老残作为体现作者思想的主人公，浪迹江湖，以行医糊口，自甘淡泊，不入宦途。但是他关心国家和民族的命运，同情人民群众的痛苦，是非分明，侠胆义肠。书中尽显清末山东一带的社会风貌。小说的突出之处是揭露了过去文学作品中很少揭露的“清官”暴政。“清官”，其实是一些急于做大官而不惜杀民邀功，用人血染红顶子的刽子手，有些清官貌似贤良，实质是昏官。小说中所写的人物和事件不乏真人真事。《老残游记》的艺术成就在晚清小说里较为突出，在语言运用方面有其独到之处。在写景方面自然逼真，有鲜明的色彩。鲁迅称赞它“叙景状物，时有可观”。

王国维著《人间词话》

王国维是近代思想家，也是著名的学者和词人，在史学、美学、文学方面都有很深的造诣。1908年发表的《人间词话》是他文学批评的代表作，具有广泛的影响。

青年时代的王国维

王国维是中国近代美学的开创者之一。《人间词话》虽为论词而作，但涉及面很广，融汇了中国古典文论和西方哲学、美学，建立起一套文艺理论体系。在这本书中，王国维探求了历代词人的创作得失，在此基础之上，结合本身的艺术创作及鉴赏的经验，提出了“境界”说。所谓“境”是对自然人生之事实的描写，“意”即对这种事实的主观态度，“境界”是“意”与“境”的统一共名。境界不仅指景物、喜、怒、哀、乐，也是人心中的境界，所以能写“真景物真感情”的作品就有境界。有境界的作品形象鲜明，富有感染力。他认为艺术创作的根本要求是合乎自然，他崇尚真实，反对矫揉造作。围绕境界这一中心，他进一步论述了“写境”与“造境”、“有我之境”与“无我之境”、景语和情语、“隔与不隔”等内容，对一些文艺创作中的基本问题作了精辟的分析，见解独到。该书不仅继承了中国古代的文学批评思想，也吸收了近代西方美学的观点，从而突破了清代词坛的门户之见，独树一帜。

此外，王国维在中国古典小说、诗词和戏曲研究方面都卓有贡献。除《人间词话》外，他还著有《红楼梦评论》、《宋元戏曲考》两部巨作，代表了他在中国古典小说和戏曲研究方面的成就。《红楼梦评论》第一次对《红楼梦》的精神和美学价值作了较系统的探索和评价，批评了旧红学派的“影射”说和“自传”说。他认为文学艺术作品所描写的不是个人的性质，而是全人类的性质，因为文艺作品崇尚具体，所以将全人类的性质放在个人的名下。这种思想已经包含了典型化和文学的形象化的特质，是红学研究的一大突破，影响了新红学派。《宋元戏曲考》是王国维戏曲研究方面的一部总结性著作。在这部著作中，他对历来认为文格卑俗的戏曲作了高度的评价，对有关戏曲专题作了独到的分析，且进一步系统地论述了戏曲的形成和发展过程，对现存的元杂剧作品也作出了精辟的论断。这部书既有开创性，又有权威性。

王国维在诗词创作方面也颇有成就，他的词讲究意境，锤炼字句，有独自的风格。其词作有《观堂长短句》、《苕华词》。王国维是近代学术界最早把乾嘉朴学的治学传统和西方近代治学方法融会贯通，从事创造性研究工作的代表人物之一。他在哲学、美学、文学、史学、文字学等各个领域的研究成果，都有承前启后的意义，是中国近代罕见的杰出学者。

曾志忞致力音乐教育

清代后期在学堂乐歌活动中，出现了中国近代第一代音乐家，其中致力于音乐教育的代表人物就是曾志忞。

曾志忞（1879 ~ 1929），上海市人。早年在南洋公学教书，后留学日本学习音乐，曾参与发起组织“音乐讲习会”，成立“亚雅音乐会”。1905年10月与朱屏山在东京发起“国民音乐会”，专门研习近代音乐。梁启超称他为“我国此学先登第一人”。

曾志忞从日本回国后，于1908年在上海创办贫儿院，亲任院长，并设音乐部，积极推行音乐教育。还在该院办起我国第一支西洋管弦乐队，自任指挥。辛亥革命后他到北京，创办中西音乐会，研究西洋歌曲和京剧改良问题，并进行了大胆尝试，在京剧伴奏中引进西洋乐器。同时在《顺天时报》上发表了一系列有关文章。此后他仍致力于音乐教育，编著了多种音乐理论和乐歌教材，其中影响最大的要数《乐典教科书》和《教育唱歌集》，为传播西洋基础乐理作出了贡献。另外，他对乐歌和当时音乐创作理论也颇有研究。他还提出了普及音乐的思想，在《音乐教育论》中说道：“际此新旧交并时期，患不能输入文明，而尤患输入而不能用。”他认为“输入文明，而不制造文明，此文明仍非我家物”，因此反对“泥古”、“自恃”的保守思想，主张学习西洋音乐，研究其道理，创造一种“二十世纪之新中国歌”，即创造中国自己的新音乐，第一个提出了“新音乐”的概念。在我国近代音乐文化中，曾志忞的音乐理论和思想占有独特的重要地位。

上海新舞台成立

光绪三十四年（1908年7月），京剧演员潘月樵、夏月润、夏月珊与上海信成银行协理沈缦云集资创建上海新舞台。这是中国近代第一个具有新式设备的剧场，也是从事戏曲改良的演出团体。主要编演京剧。

辛亥革命前后，民主思潮高涨，新舞台的成立，是资产阶级戏曲改良活动的产物。它将茶园改为新式剧场，改带柱方台为半月形的镜框式舞台，又运用灯光布置加强演出效果，这些在中国戏曲史上都是创新之举，形成了当时舞台美术的一个新流派。新舞台还实行卖票制；取消了旧剧场中泡茶、递手巾、要小帐等弊病；改称伶人为艺员，演员一律用其名而不用艺名，拒唱堂会等，以提高艺人的地位。

新舞台的主要演员除潘、夏等人外，还有冯子和、周凤文等。在辛亥革命中，

1907 年 6 月春柳社在东京演出《黑奴吁天录》时的海报

新舞台首创募捐义演，支援革命。孙中山曾书“现身说法”匾额以表彰他们的功绩。新舞台还演出了宣传革命、反帝反封建的时装新戏，如《潘烈士投海》、《黑奴吁天录》、《黑籍冤魂》、《玫瑰花》、《波兰亡国惨》、《中国国会万岁》、《血泪碑》、《新茶花》、《华伦夫人》等。当时一些从事文明新戏创作的著名演员，如欧阳予倩、刘艺舟、王钟声、汪优游、沈冰血等，都参加过新舞台的演出，推动了资产阶级的戏曲改良活动，新舞台成了辛亥革命前后宣传革命、汇演新戏的重要场所。受新舞台影响，后来在北京，武汉等地都建立了类似的剧场。

辛亥革命失败后，在殖民地商业化倾向影响下，新舞台渐趋衰落，1924 年，剧团解散。

《孽海花》出版

清末，近代小说中思想和艺术成就较高的长篇小说《孽海花》出版。

《孽海花》由近代小说家、出版家曾朴所著。曾朴（1872 ~ 1935），字孟朴，又字小木、籀斋，号铭珊，笔名东亚病夫。江苏常熟人。出身于官僚地主家庭。他自幼笃好文学。光绪二十九年（1903）后，舍弃仕途，先经营蚕丝业，后经营出版业。

《孽海花》是曾朴的主要代表作。书中以主人公金沟、傅彩云的经历为经线，串连一大批高级士子，通过他们的活动，描写了从同治初年到甲午战

败止 30 年间“文化的推移”和“政治的变动”。书中记录了中法战争、中日战争等重大历史事件的爆发，帝党、后党的激烈斗争，顽固派、洋务派、改良派、革命派等政治势力的消长演变，以及与之相伴随的思想、学术、文化的变化。小说揭露了帝国主义的侵略野心，清政府的腐败无能，封建士大夫的昏庸堕落。全书 200 多个人物，从最高统治者慈禧、光绪，到官场文苑的达官名士，再到下层社会的妓女、小厮，涉及朝廷宫闱、官僚客厅、名园文场、烟花妓院直至德国的交际场，俄国虚无党革命等，广泛反映出当时的社会生活面。

《孽海花》追求轶事的趣味性，对赛金花的风流逸事大加渲染。此书出版后风靡一时，并形成一股“赛金花热”，其社会影响也有消极的一面。

《书林清话》总结古籍版本学

清末，叶德辉以笔记体著《书林清话》10 卷，总结古籍版本学。叶德辉（1864 ~ 1927），字奂彬，号直山，又号郎园，湖南长沙人。光绪进士，授吏部主事。后返乡从事著述。所著及刻书共百数十种，编为《郎园丛书》。叶德辉工经学、小学、喜刻书，尤以版本目录学精研最深。在《书林清话》中均有反映。《书林清话》卷一总论刻书之益，说明古代书籍和版本的各种名称。卷二至卷十，分别说明宋、元、明、清四朝刻书的规格、材料以及工价的比较，印刷、装订、鉴别、保存等方法，以及古代活字版印刷、彩色套印的创始与传播。同时，还介绍了四朝刻书的主要内容、特征，以及与书有关的各种掌故逸闻等；兼及雕版书籍的各项专门知识。是中国古籍版本学的总结性研究著作。对研究中国书籍发展的历史和考订四朝典籍版本的真赝有重要的参考价值。

1928 年，叶德辉之侄叶启崟以叶氏未完成的稿本印行《书林余话》2 卷。1936 年《文澜学报》发表《书林清话校补》，补正了原书的缺失。1957 年，古籍出版社将上述二书与《书林清话》汇编成册出版。

李叔同创作歌曲

李叔同在春柳社首演《茶花女》时饰玛格丽特

清代后期著名的学堂乐歌音乐家之一李叔同（1880 ~ 1942），原名文涛，字叔同，别署甚多，原籍浙江平湖，生于天津。青少年时擅长书画篆刻，工诗词。1898 年入上海南洋公学，便接触了救亡图存的维新思想。1903 年又从沈心工处接受了乐歌和西洋音乐知识。随后不久，即编选出版了《国学唱歌集》，这是早期重要的歌曲集之一，集中选编具有爱国情绪的古典诗词和近代诗人的词入曲。

他根据日本留学生传唱的《大国民》改编的《祖国歌》，表现了他的爱国热情，且被广为传唱。1905 年，李叔同赴日本学习西洋绘画和音乐，也就在这一年，他自编了我国近代最早的音乐刊物《音乐小杂志》。1910 年回国后主要从事音乐、美术教育工作，并再次投入乐歌创作活动。

李叔同的乐歌作品，有选曲（用既有的词）、填词、作词、作曲 4 种方式，风格则有表现爱国热情的《大中华》、《出军》、《扬鞭》、《婚姻祝辞》等以及风俗性和抒情性的独唱和小型合唱，后一种有的思想倾向较为消极。他的《送别》、《西湖》等优秀作品，文词秀丽、形象鲜明，富于意境，具有较完美的艺术性。他创作的 3 首作品，都具有含蓄、典雅的风格，如《春游》，刻画春回大地，人们怀着激动的心情游春的情景。旋律轻柔跳荡，严整和谐，完美地抒发了时代的感情，是近代创作中的优秀之作。

戏曲改良运动兴起

辛亥革命前后，在我国近代民主和爱国思潮的推动下，戏曲改良运动兴起。所谓戏曲改良就是戏曲革新运动。

19 世纪末 20 世纪初，以康有为、梁启超为代表的资产阶级改良派开展变法维新运动，以达到救亡图存、发展资本主义的目的。他们提出利用小说、戏曲“使民开化”、“启迪民智”。戊戌变法失败后，以孙中山为首的革命党主张利用戏曲来宣传民主革命，这样，从戊戌变法前后至 1905 年，出现了主张改良旧戏的理论文章和新编的传奇、杂剧、地方戏剧作，这些都是具有改良政治和民主革命思想的文人之作，促进了戏曲改良。1905 年至辛亥革命时期，上海、广州、北京等地出现了大批戏曲改良的团体和活动家，从而出现了戏曲改良运动的高潮。他们编演新戏，革新舞台艺术，改革旧制。时装戏和时事戏大批涌现，他们编演反映民族危亡的社会现实的新内容戏，宣传民主、爱国思想，取材西方资产阶级革命时期“可惊、可愕、可歌、可泣之事”，借以激励大众的民族观念。提出改良戏本，以广开风气，普及教育。在艺术形式上，采用西方模式来改进舞台艺术，丰富演出形式，用演说讲道理增长人的见识，采用光学、电学改进舞台

京师大学堂旧址

演出条件。为适应广大观众的欣赏习惯，反对言语曲调与今异，使人生厌的昆曲，采用容易让人们听懂的剧目，进行普及。在编写新戏中，改良新戏的作者把写现实生活题材剧本提到显要位置，写国内现实和外国的维新变法，革命以及抗击侵略的故事。如反映沙俄侵占东北的《黑龙江》、日本侵略朝鲜的《亡国恨》、徐锡麟安庆起义的《徐锡麟》、康有为变法的《维新梦》等。这个时期，许多具有先进思想、革命热情的有志之士参加了戏曲改良活动，结成了许多戏曲改良团体，如北京的玉成班，上海的新舞台，陕西的易俗社等。上海的新舞台上演新戏《新茶花》、《秋瑾》等，在"救亡图存"的爱国精神与民主革命思潮不断高涨的形势下，这些剧本反映了人民的意愿，起到鼓舞作用。最受人们敬仰的戏曲改良志士是汪笑侬、刘艺舟。汪笑侬原为官宦家庭出身，后弃官投艺，编排剧目很多，才气不凡，创造出自己的演唱特色与演出风格，世称"汪派"。刘艺舟为同盟会员，立志以戏剧宣传民主爱国思想，将演戏与革命斗争结合起来。这些戏曲改良志士和改良团体推动了戏曲改良运动的发展。

辛亥革命失败后，袁世凯篡夺了辛亥革命的果实，民族再一次陷入苦难，戏曲改良运动因失去活力而以失败告终。但它推动了当时戏曲的发展，对民国以后的戏曲发展也有着积极的影响。